INVESTMENT PHILOSOPHY AND METHODS ON STOCK MARKET

A COLLECTION OF ESSAYS
ON INVESTMENT BY YANG DIAN

股市真经

杨典投资随笔集

杨典　孙艳　著

同济大学出版社
TONGJI UNIVERSITY PRESS

图书在版编目（CIP）数据

股市真经：杨典投资随笔集 / 杨典，孙艳著 . --
上海：同济大学出版社，2022.2
ISBN 978-7-5765-0149-0

Ⅰ . ①股… Ⅱ . ①杨… ②孙… Ⅲ . ①股票投资－基
本知识 Ⅳ . ① F830.91

中国版本图书馆 CIP 数据核字 (2022) 第 029188 号

股市真经
杨典投资随笔集
杨典 孙艳 著

出 品 人 金英伟
责任编辑 姜 黎
责任校对 徐春莲
书籍设计 张 微
出版发行 同济大学出版社 www.tongjipress.com.cn
（地址：上海市四平路 1239 号 邮编：200092 电话：021-65985622）
经 销 全国各地新华书店
印 刷 常熟市华顺印刷有限公司
开 本 787mm× 960mm 1/16
印 张 15.5
字 数 310 000
版 次 2022 年 2 月 第 1 版 2022 年 2 月 第 1 次印刷
书 号 ISBN 978-7-5765-0149-0
定 价 98.00 元

序言

1990年年底沪深证券交易所相继成立，历经30年的发展，中国证券市场已从潺潺溪流汇为浩瀚大海。截至2020年年底，A股市场上市公司数量已突破4100家，总市值高达84万亿元，上市公司数量和总市值均已稳居全球股票市场第二。此外，中国债券市场规模亦已居于全球第二，商品期货成交量全球第一。

巨大的市场规模使得中国证券市场有条件在国民经济中发挥举足轻重的资源配置作用，同时证券市场也日益成为居民财富配置的主要渠道。2018年中国私人银行客户（普遍为高净值客户）构成中，12.96%为金融投资者，占比位居第二[1]；2020年中国千万元人民币资产以上和亿元人民币资产以上的高净值家庭中，职业股民均占比10%，

---

1 《中国私人银行行业发展报告（2018）——暨中国家族财富管理与传承白皮书》

占比分别位居第四、第三[2]。中国证券投资基金快速发展，截至2020年年底，公募基金资产管理规模合计为19.89万亿元，较2019年年底增长34.7%；私募证券投资基金资产管理规模合计为4.30万亿元，较2019年年底增长67.8%[3]。可以看出，中国居民财富借道证券投资基金加速进入股市，居民资产配置方向逐步转向证券市场已经是大势所趋。

整体上A股市场还是为投资者创造了有吸引力的价值。仅以最有代表性的沪深300全收益指数来看，2005年年初至2020年年底的16年里，该指数的累计收益率为5.79倍，年化收益率约为12.7%。股市回报的源泉来自上市公司整体利润增长。有所遗憾的是，尽管A股上市公司整体源源不断创造价值（净利润），还是有相当数量的散户投资者和机构投资者在市场上难以实现理想的盈利，甚至亏损。其中相当大的原因，可能来自投资理念和投资方法体系的不够科学、完善。

本书专门讨论证券投资的投资理念和方法体系。首先从股票投资的盈利来源谈起，阐述了上市公司利润是股票投资价值根本来源的底层原理，继而介绍和讨论了关于个股选择、估值、基本面跟踪研究和交易调整、投资组合和风险控制，以及证券投资相关认知方法论、投资心理建设等，系统地阐述和讨论了科学投资理念和投资方法体系的相关重要问题。

本书作者具有多年的研究和投资经验。全书基于作者的长期一线实战经验，对投资者在实际投资过程中最常遇到、最重要、最有迷惑性的概念、方法及问题进行了探讨，贴近投资实践，有利于投资者拨

2 《2020方太 · 胡润财富报告》

3 中国证券投资基金业协会

开迷雾、看清本质，有利于投资者快速梳理思路，建立科学投资理念和系统化的投资方法体系。相信本书为不可多得的实用性强、又有相当理论指导意义的理念和方法探讨类证券投资专著，可以作为普通股民、证券从业人员的进阶读物、学习指南，开卷必有益。

衷心祝愿投资者都能建立起适合自己的行之有效的科学投资理念和投资方法体系，通过在证券市场的投资活动增加财产性收入、实现资产的保值增值！投资者群体的成熟必将推动整体市场运转效率的提升，从而有利于资源配置、有利于经济发展。

中国银河证券股份有限公司董事长
曾任中央汇金投资有限责任公司副总经理
中国证券业协会会长
中国证券投资者保护基金有限责任公司董事长

前言

本书是笔者二十年从事证券研究和投资经验的总结。二十年间笔者亲历和目睹了形形色色的投资者以不同的投资理念和投资方法，在A股市场上跌宕起伏的故事。笔者亦是这些故事的主人翁之一，并继续参与体验着这波澜壮阔生生不息的A股市场，续写自己新的投资故事。

证券市场，尤其是股票市场，无疑是大多数普通人最好的投资渠道，也承载了相当多普通人的财富梦想。但股市投资故事除了有美丽动人的一面，也有残酷现实的一面。掌握正确投资理念和科学投资方法的聪明投资者免不了仍会经历坎坷，但属于这类聪明投资者的投资故事大概率会是光明的结局；而相当多普通投资者因为理念和方法的欠缺或不完善，在股市辛勤耕耘多年却收获寥寥甚至赔掉本金。

笔者从业以来，在二级市场层面，从研究员到基金经理，从公募到私募，从纯股票多头到对冲基金，从主动选股到量化投资，再到主观量化投资方式，面对花样繁多的投资品种、投资策略和方法，持续学习、体验、总结和探索，感触颇多。2020年以来全球疫情肆虐，外出不宜，久居家中时间充裕，正好对自己的投资理念和方法进行思考和总结，遂于2020年第四季度开始创作了一系列的投资随笔，陆续发表于《证券市场周刊》。这些投资随笔的写作过程，得到了我爱人、我多年的同事孙艳博士的支持和帮助，包括文章中的数据统计和计算、量化模型的历史回测、文稿的整理校对等，其中有的文章是我与孙艳博士共同写作署名发表的。

将分散发表的系列投资随笔整理成书的初衷是，比较系统地总结过去的投资经验、心得和自己觉得比较实用的贴近实战的理念和方法，希望对投资者树立正确适用的投资理念和投资方法有所贡献，希望帮助读者朋友去伪存真、去繁就简，在正确投资理念前提下尝试建立适合自己的闭环投资体系。

当然，百年证券史，探讨股市投资理念和方法的书籍可以说是汗牛充栋，笔者也当然不认为自己总结的投资理念和方法就是一定正确或一定优于其他。笔者只是希望将自己这些贴近实战的比较系统化的理念和方法分享出来，相信有助于解答众多的投资者在投资过程中遇到的理念和方法方面的普遍问题，也相信会对相当多的投资者构建形成适合自己的投资理念和方法体系有所贡献。书中不妥不完善之处，欢迎读者朋友们批评指正。

本书分为五大部分，依次针对投资过程中最常遇到的、最重要的问题进行讨论，大致覆盖整个股票投资过程最重要的关键步骤和环节。第一部分讨论为什么要投资股票、投资股票到底赚的是什么钱；第二部分，讨论选股，解决投资什么股票和怎么投资的问题，重点讨论超级成长股的挖掘和跟踪投资方法，因为超级成长股是股市最值得投资的标的，双因子增长模型则是笔者设计来用于捕捉超级成长股的研究方法利器；第三部分，讨论投资组合最重要的问题——分散与集中，以及波动性控制相关问题；第四部分，讨论合理投资目标的设定及心理建设；第五部分，讨论投资中的认知方法论的问题，关于经验、演绎和归纳。不可能对股票投资讨论得面面俱到，例如对自上而下与自下而上的结合本书未作讨论和介绍。但整体上本书对证券投资尤其是股票投资实务中最基本、最重要、最容易引起重大混淆的问题，针对性地做了讨论，大部分重要问题都给出了相应的方法和建议。当然这些方法和建议不可避免地带有笔者个人的主观认知和偏好倾向，读者朋友们对此不可不察。

但愿本书能对热爱投资、喜欢思考的读者朋友们有所帮助！

杨典

2021年6月11日

目 录

第三部分 投资组合的关键：适度分散与波动性控制

第四部分 合理投资目标设定及心理建设，远离高杠杆

第一部分

为什么要投资股票

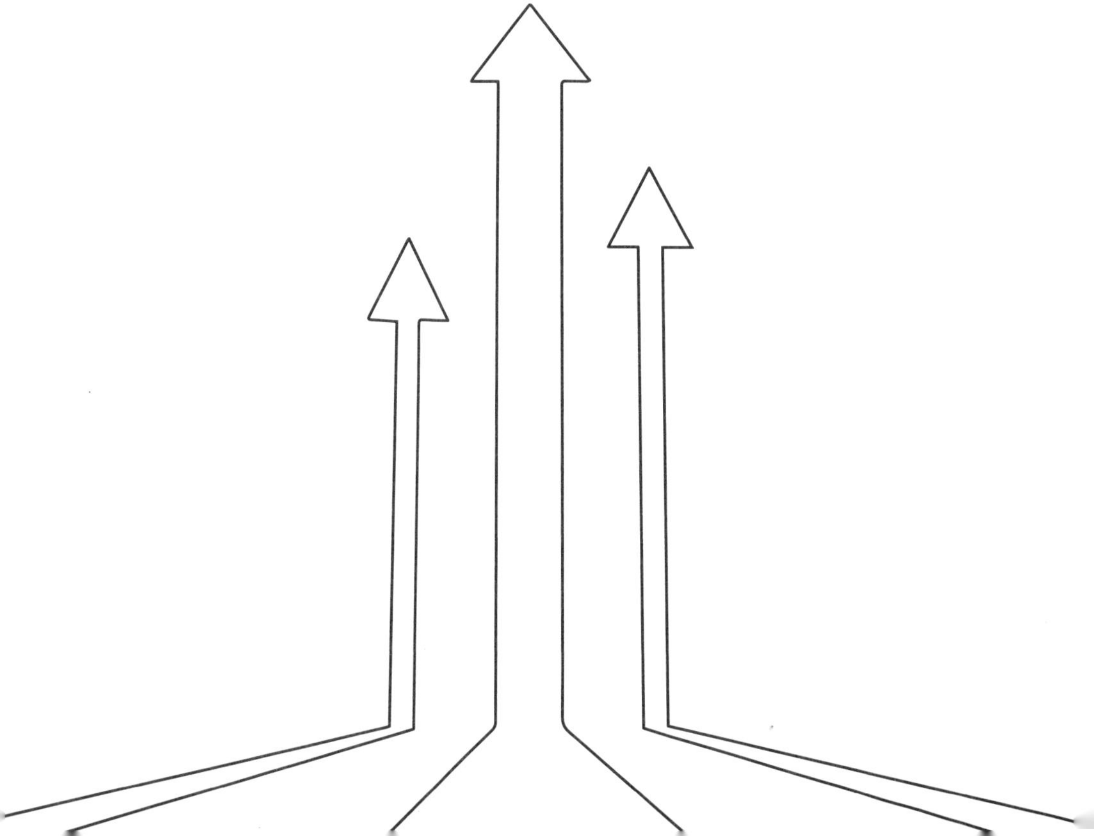

第一章

股票为什么赚钱

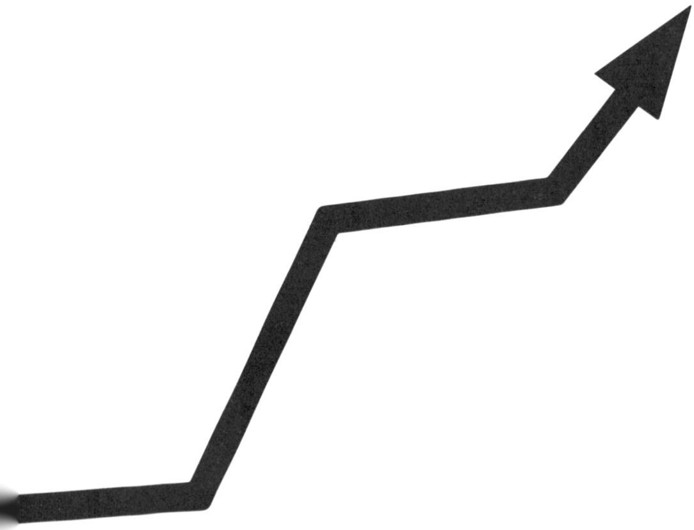

一、股票赚的是什么钱

投资股票（或者股票基金，下同）并不是赌博。股市是普通人最好的投资渠道之一。把投资股票等同于玩赌博游戏，其实是一种认知偏差，没有明白股票到底赚的是什么钱、为什么赚钱。

股民投资股票赚的钱，或曰投资收益，直接来自股价上涨和现金分红。长期来看，股价上涨和现金分红，根本上首先来自上市公司的利润增长。除利润增长之外，为股民贡献投资收益的还有另外两大因素：交易博弈和通货膨胀。在利润增长、交易博弈、通货膨胀这三大因素之中，利润增长是最为重要的投资收益来源。普通投资者应当尽量远离交易博弈。

另外，A 股历史上曾经有、将来可能还会有赚资产重组的钱、赚壳价值的钱的机会，不过大多数是特定历史阶段的产物，非主流，未来会更边缘化，本书对此不做讨论。

股票是长期最赚钱的大类资产，因为上市公司是整个经济体系中最好的价值创造群体；A 股不是零和博弈的赌场，而是正和博弈多方受益的市场，考虑交易费用以后 A 股整体仍然是优秀的价值创造者。对大多数普通人而言，通常情况下冒险创业不如投资股票，投资上市公司通常优于投资非上市公司。只有以正确的方式投资股票市场才能规避风险获取收益。

1. 关于现金分红

利润增长是最为重要的回报来源，这一点现实中不少投资者并不太认同，很多人会想：上市公司的利润又不怎么分红（指现金分红），就算分红也只分一点点，那点分红对投资者有什么意义呢？

实际上，无论分不分红，上市公司创造的净利润，属于全体股东。净利润就算没有分掉，它也并没有消失，大多数情况下，如果上市公司持续盈利能力不错（表现为持续的净资产收益率不错），未分配利润留存于上市公司，用于再投资（包括运营资金补充），将会创造更多的净利润（可进一步参考后文“交易博弈的钱”中关于 A 股利润创造能力的统计）。对于投入资本回报率（ROIC）比较高的上市公司（特别是其中处于高速成长期的上市公司），低现金分红对长期股东更有利。巴菲特的伯克希尔 · 哈撒韦公司，在过去 55 年的时间内实现了年化 19% 的净资产增长率——这即是大家常说的巴菲特的长期投资业绩。但伯克希尔 · 哈撒韦公司仅在 1967 年向股东支付了上市后首次也是唯一一次现金红利。截至 2020 年 12 月底，伯克希尔 · 哈撒韦股价达到 347815 美元一股，成为美股市场价格最高的股票，投资者如果 50 多年来一直持有伯克希尔 · 哈撒韦公司的股票，股价上涨总回报将超过一万倍。

显然，现金分红不是上市公司股东的唯一回报来源，实际上也不是主要来源。通常情况下，大多数上市公司股东回报的主要来源应当是股价的上涨。但长期来看，所有上市公司增长最终都将放缓，一般情况下，随着上市公司营收和净利润从成长期进入缓慢增长甚至增长停滞的状态，股票估值将会逐步下降，一直下降到非常低的水平，此时上市公司的现金分红比例一般会加大，现金分红就成为股东回报的重要来源了。例如A股银行股自2007年高点之后，市盈率持续下降，一直下降到近年来5～7倍市盈率甚至更低的水平，对应的净利润增长速度也持续下降，而股票股息率持续上升，股息现金回报已占股票总回报不容忽视的比例。

过于看重现金分红率，并不一定会带来好的超额收益。

再者，从另一个角度，对于大多数普通投资者，获取现金分红的意义其实非常有限。获得现金分红要缴纳股息所得税；大多数普通投资者拿到分红现金往往并无更好的投资渠道；如果想要满足现金需求，投资者卖出部分持仓头寸即可；更重要的是，对于持续盈利能力强、净资产收益率高、投入资本回报率高的上市公司，将利润留存于公司用于再投资，相当于利滚利，有望带来更多的未来利润。特别是对于高速成长型企业，过度看重现金分红能力，就可能忽视了公司资本开支需求与远期净利润增长的良性因果关系。

2. 关于利润增长

如果上市公司的净利润长期保持增长态势，并且预期未来增长趋势继续乐观，则上市公司股价必将上涨。当然，这里假定上市公司盈利质量不错，即中长期的净利润差不多对应自由现金流。实际上，在整体意义上，这个假定是符合现实的。

2007 年 A 股超级大牛市，中国平安和招商银行估值高企，在各自的股价高点，以上一年度 2006 年净利润计算的市盈率分别达到 131.7 倍和 91.4 倍。此后两家公司股价大幅下跌，但净利润都保持持续增长，到 2017 年，招商银行股价创出历史新高，此时招商银行净利润相较 2006 年增长了 8.7 倍，市盈率下降到了 12.4 倍；到 2017 年，中国平安股价创出历史新高，此时中国平安净利润相较 2006 年增长了 8.5 倍，市盈率下降到了 22.36 倍。同时，市场主流研究机构观点显示，两家公司未来仍将保持平稳增长，以一致预期来看，2021 年至 2022 年，招商银行净利润还将年均增长 12%，中国平安净利润还将年均增长 20%[1]。

当然，投资者在 2007 年的股价高位买入并持有这两只股票，并不是好的投资决策，是因为买入时点不佳，在全市场泡沫高位买入。笔者当然也并不认为不问估值只看增长前景是好的投资方法。但从这里可以看出，持续的净利润增长，如果股价始终不变，则将带来估值指标的持续下行。而估值指标的下行，一定会有一个底线，不会无止境地永远往下。有没有人看到过 2 倍到 3 倍市盈率的股票？通常，对于预期盈利前景比较稳定的上市公司，4 倍左右的市盈率已经罕见了。如果估值指标真的“令人发指”地低，很大可能公司遇到了什么问题，很大可能未来增长前景不妙，很大可能未来估值指标会不降反升。

也即是说，一种情况，上市公司净利润持续增长，如果股价不涨又不大比例现金分红，则每股净资产会增加。估值指标，如市盈率等会持续下降，市场力量最后还是会推动股价上涨。另一种情况，就是

1. 如非特别说明，本书提及的个股和基金、证券市场相关数据均主要来自 wind 金融终端。

上市公司处于增长速度拐点附近，预期净利润增长速度将下降，这样估值水平就将快速下降，如果公司进入稳定增长期，现金分红比例往往可能会加大。具备持续盈利能力的上市公司估值指标的回落会有一个极限，尽管这个“极限”难以量化为一个具体的数字。这个“极限”估值水平，首先与目标公司的增长前景有关（即俗话讲的“炒股炒的是未来”），同时也与证券市场环境、投资者群体情绪、当前利率水平等多因素有关。长期视角来看，估值水平的“极限”还是首先由目标公司的增长前景决定。对于某一时点的市盈率，不同增长前景的公司市盈率通常可以分布在几倍至上百倍的区间内。对于市盈率的进一步讨论，请参考阅读本书第六章“估值、市盈率与成长股”。

由于“极限估值水平”的存在，净利润长期持续增长的公司，在增长前景良好的态势下，股价的上涨就是必然了。

实际市场环境中，即使过去和现在净利润水平一般，仅仅是预期将来甚至远期未来净利润增长，股价就可能会持续大幅上涨。例如亚马逊上市以来亏损了十多年，即使盈利年份也是有限盈利，但该公司股价长期不屈不挠地上涨，至 2020 年年底，亚马逊股价达到 3256.93 美元，上市以来的股价涨幅达到 1662 倍，最新 TTM 市盈率为 90 余倍。虽然亚马逊利润指标一般，但其营业收入持续保持高增长，自上市至 2019 年增长了 1800 余倍，其自由现金流也长期持续高于净利润的增长。显然，亚马逊长期以来的股价上涨和高估值，可以理解为市场一直赋予了亚马逊持续利润和现金流的未来增长预期。

当前证券市场的一大奇观——特斯拉，在刚刚过去的 2020 年上涨 743.44%，它只是在长期亏损后实现微利而已，却成功入选标普 500 成份股。其自上市以来，营业收入持续增长，订单增长迅猛，始终处于产能扩张跟不上需求高涨的局面。2020 年特斯拉汽车总销量约 50 万辆，2020 年全球汽车总销量为 8000 万至 9000 万辆，最大的两家传统汽车制造商大众和丰田 2020 年销量分别接近 1000 万辆的水平，而截至 2021 年 1 月 8 日，特斯拉的总市值已达到包括大众、丰田、日产、现代、通用、福特、本田、菲亚特克莱斯勒和标致 9 大传统汽车制造商市值之和的 1.35 倍！可以看出证券市场可以为预期的未来增长或想象中的未来增长故事付出多高的价格。

相反，如果上市公司未来增长前景黯淡，甚至预期负增长，则即便近期利润指标尚可或短期增长不错，股价仍可能不涨反跌。例如当前 A 股的地产行业，TTM 市盈率大部分位于 4 ～ 7 倍，估值水平如此之低，反映了市场对房地产行业增长前景的悲观看法。当然，当前市场的估值水平未必是正确的，不排除市场可能低估了其中优秀企业的增长前景。对市场当前给出的估值水平内成长前景的巨大差异的判断，就可能成为特立独行的逆向投资者掘金的好机会。对这一类投资机会，我们还是倾向于采用趋势跟随的方法，包括基本面的趋势跟随、股价的趋势跟随，以及二者的结合。相关内容请参考阅读本书第四章“聪明的成长股趋势跟随”。

3. 关于利润增长转化成投资者收益

前面提到的现金分红当然是利润增长转化为投资者收益的方式之一。不少投资者看不上现金分红，认为股息率（这里提到的股息率 = 每股股息 / 股票价格）低到可以忽略。但实际上对于持续增长型公司，每年股息其实也在增长。例如市场上有不少人提出，贵州茅台的分红率只有一两个百分点，以此推断买贵州茅台只是搏差价而不是价值投资。但实际上，贵州茅台从 2001 年上市以来至 2020 年，每年都有现金分红，将每年的现金分红总额与当年最后一个交易日的总市值相比，过去 20 年，贵州茅台的现金分红收益率最低年度为 0.66%，最高年度为 3.41%，平均收益率为 1.68%——这个 1.68% 的分红率，是在贵州茅台股价持续上涨数百倍基础之上，也即是说，贵州茅台的净利润持续增长，股息率不变，股价增长，每股现金分红也获得了上百倍的增长（精确的计算还需要将贵州茅台历史上股本转增并红股复权）。

除了现金分红，净利润增长为投资者创造回报的方式还有股票回购、被并购、被私有化等。股票回购减少了股本数量，每股财务指标得以增厚，同时二级市场流通股数量减少，股价通常伴随上涨。前面提到过去数十年只现金分红一次的伯克希尔·哈撒韦公司，2011 年和 2020 年都启动了股票回购。被并购和私有化，则相当于一次性价值重估，由于监管和法规的保护，经营正常的上市公司被并购的估值水平和交易条款对该上市公司股东而言通常比较优厚。

4. 关于交易博弈

交易博弈，指的股票交易者之间，一方赚了另一方的钱，即投资者赚其他交易者的钱。

低买高卖不见得就是交易博弈的钱。假定投资者一开始以 10 倍市盈率买入一只股票，3 年后该股票市盈率仍是 10 倍，但净利润上涨了 50%，则股价上涨 50%，投资者三年后仍以 10 倍市盈率卖出该股票，则三年累计收益率为 50%（忽略现金分红）。这种情况下，投资者赚的仍然是上市公司利润增长的钱。长期而言，普遍意义上，在估值水平不极端大幅变动的情况下，上市公司长期的股价增长幅度大致等于长期净利润增长幅度。

在较长时间区间内，投资者低买高卖赚到的钱，相当于是上市公司净利润增长的钱与估值水平变动的钱之和。其中估值水平变动的钱，可能来自交易博弈，也可能来自通货膨胀，后文另有对通货膨胀的讨论。投资者一开始以20倍市盈率买入目标股票，三五年后市盈率上升到了30倍或更高，当然可以说是买入时的市场定价（也即交易对手卖出方的定价）不合理或没有远见，三五年后市盈率上升到30倍甚至更高，定价也许合理，也许出现了泡沫，这时投资者就赚取了上市公司利润增长带来的收益以及股票市盈率变化带来的收益。其中股票市盈率变化带来的收益来自两个方面：投资者买入时卖出方过低定价而让度的收益、投资者卖出时买入方合理或过高定价支付的收益。还有一种情况，即上述举例的30倍市盈率亦未足够反映公司的未来成长空间，例如30倍市盈率时公司未来增长空间还有10倍，则也可以理解成投资者卖出股票时，赚取的钱全部来自上市公司的净利润，只不过有一部分是未来预期的净利润；这种情况下投资者选择持有更长时间，则还将赚取更多的上市公司创造净利润的钱。

而如果是在一个较短的时间区间内，例如在几个月甚至几天的时间内，上市公司净利润和未来基本面预期变动不大，货币环境变化不大，投资者短线交易赚的钱，基本就是交易博弈的钱。

交易博弈，通俗地讲，就是投资者相互之间你赢我输、你输我赢，形式上很类似于赌博。由于A股市场过去和现在，大部分交易为短线交易，很多人甚至直呼股市为赌场，但实际上股市与赌场有根本的区别。赌博博弈的对象，是完全不创造价值的牌局或游戏，是零和博弈，考虑到赌场抽成则是负和博弈；而股市，上市公司整体在源源不断地创造价值（净利润），整体而言股市是正和博弈。

截至 2008 年年底，全部 A 股上市公司市值总和约为 14.19 万亿元，在之后的 11 年间（截至 2019 年 12 月 31 日）这批上市公司创造了 20.01 万亿元的净利润，也就是说，把全部 A 股投资者整体看成一个投资者，在 2008 年末将全部 A 股买下，此后 11 年这批股票创造的累计净利润相当于买入价的 141%（20.01 除以 14.19）；如果说 2008 年末金融危机最底部之时股票严重低估，那么前进一年，2009 年经历了一个大牛市，截至 2009 年年底，全部 A 股上市公司市值总和约为 27.58 万亿元，此后的 10 年该批上市公司创造了合计 27.52 万亿元的净利润，也就是说此后 2010 年至 2019 年全部 A 股上市公司创造的累计净利润相当于该批上市公司 2010 年初的全部总市值（27.52/27.58=99.78%）。可见 A 股的价值创造能力其实非常强，二级市场投资者绝对是在参与极具吸引力的正和博弈。当然上述统计，忽略了再融资产生的净利润贡献。考虑再融资贡献的净利润所占比例比较有限，忽略再融资的影响并不会显著影响上述结论。

即使考虑交易费用漏出，情况并不会有所不同。交易费用包括券商佣金和印花税，统计起来比较麻烦，仅以 2019 年的例子即可管窥全貌。截至 2018 年 12 月 31 日全部 A 股上市公司在 2019 年创造了 3.6 万亿元的净利润，以 2019 年券商平均佣金率万分之 3.6、印花税单边千分之一来计算，该批上市公司 2019 年全年二级市场全部交易佣金和印花税为 0.11 万亿元，佣金和印花税总额占全部净利润总额的 3.05%。该批上市公司 2018 年年底的总市值是 47.76 万亿元，扣除 2019 年印花税和佣金以后的整体净利润相当于期初总市值的7.3%，考虑到正常情况下每年上市公司净利润都会有一定幅度的增长，还是可以预计未来十年左右上市公司的累计净利润有很大可能接近期初总市值的水平。可见，A股不是零和或负和博弈的赌场，而是正和博弈多方受益的市场，考虑交易费用以后A股整体仍然是良好甚至可以说是优秀的价值创造者。

关于交易博弈，尤其是短线交易博弈，对于普通个人投资者来讲，整体上赢面不大。大部分普通投资者往往过高估计自己的短线交易能力，实际多次频繁交易的结果，往往是持续的亏损。频繁交易往往是普通投资者“九赔一赚”的主要原因之一。当前A股市场机构化趋势明显，以最近两年公募基金为代表的机构投资者，整体业绩明显领先于整体市场，意味着有相当多的投资者输于市场平均收益。在2020年沪深300指数上涨27.21%的情况下，还有相当大比例的散户全年亏损，短线博弈思维过重应该是重要原因之一。普通个人投资者，很难拥有有效完备的短线交易系统，最好还是远离交易博弈的游戏。

5. 关于通货膨胀

通货膨胀，长期角度，从两个方面影响股票回报。一是通货膨胀下整个金融体系货币存量持续攀升，几乎全部具有稀缺性的资产，包括房地产、股票、债券、商品、艺术品等资产，或前或后或多或少大部分都会上涨；二是实体产业界上下游、原材料产成品、人员工资、管理营业费用等全部上涨，即上市公司受益于通货膨胀本身，推动收入和利润的增长，从而推动股价上涨。近年来白酒品牌企业的收入和利润持续上升，而整体白酒行业增长有限，白酒品牌企业产销量增长亦有限，但白酒品牌的销售价格实现了上涨，从而推动了品牌白酒收入和利润的增长。白酒品牌股价上涨是明显受益于通货膨胀的典型。

通胀无牛市？世界经济史就是一部通货膨胀史。长期来看货币的增长总是高于GDP的增长，而长期回报率最高的资产是优质股票资产。在不同的中短期阶段，通胀成因、态势和政策应对的不同，对股市的短期冲击亦有所不同。通常，当中短期通胀高企，即恶性通胀情况下，货币政策以遏制恶性通胀为主要目标时，股票定价模型中的分母端利率上升，从而使股票价格下降，这时候股市承压。但从长周期来看，温和的通货膨胀会使企业受益，适度的通胀往往伴随经济繁荣，上市公司收入和利润往往受益于通胀并出现利润增长、现金流上升，使得股票定价模型中的分子端亦即盈利上升。而最具戏剧性的一面，长期来看各国货币超发已成为常态，但世界范围内主要货币国家的货币超发迄今并未带来普遍恶性通胀和利率上升，当今发达国家的利率水平普遍下降为接近零甚至为负，零利率、负利率的情况无人能预测会持续多久、以什么方式结束，但低位利率水平无疑极大有利于股票资产的表现。笔者预计中国未来长期角度的利率水平大概率也将逐步下降，优质股票资产（含优秀股票基金）将会成为抗通胀、抗货币超发的最佳资产配置工具。

二、股票投资的意义

1. 因为股票最赚钱

前面提到优质股票资产将会成为抗通胀的最佳配置工具。多方面的统计资料都支持类似结论。例如，美国宾夕法尼亚大学沃顿商学院金融学教授西格尔在《股市长线法宝》中，统计了美国 1802—2002 年这两百年主要资产大类的收益率，以年化收益来看，股票 8.1%、长期国债 5.1%、短期国债 4.2%、黄金 2.1%、美元 1.4%。2002 年至今的情况大家都比较熟悉了，尽管经历了 2008 年的金融海啸，美股仍然是一个整体向上的大牛市，股票资产的回报仍然最高。

再来看中国的情况。万得全 A 指数 1999 年年初至 2019 年年底的总回报是 409.1%，年化收益率为 8.33%；同期，我国房市、大宗商品年化收益率分别为 7.74%、1.87%；债券回报率，可获得的数据起始时期是从 2008 年 10 月 11 日开始，自彼时至 2020 年年底债市的年化收益率是 3.5%。

其实，上述统计还低估了过去A股的回报。2006年前后股权分置改革，A股流通股东平均获得了每10股送3股的改革红利，如果把这一部分收益也加总回去，则过去20年A股年化收益率大约可提高到9.7%，相对优势就更强了。

说明：A股的总回报计算没有采用上证指数，上证指数因为历史上新股计入指数规则、仅有上交所成分股等原因，所以其对整个A股的代表性并不好。另外要注意到，1999年年初，A股市场估值高企，当时A股整体TTM市盈率高达39.64倍，而2019年底A股整体TTM市盈率只有17.5倍。期初期末A股估值的巨大差异使得上述统计对A股长期收益能力的反映有所低估。房市的总回报计算中，以全国房地产销售额除以销售面积来得到房价，以10年期银行间国债到期收益率来代表债市回报，以CRB指数收益率来代表大宗商品市场回报。

如果从优秀个股的情况来看，所有A股公司自上市至2020年12月底，剔除重组股以后，涨幅最大前二十名股票，累计涨幅从高到低起止于751倍至58倍，其中头两名是泸州老窖、贵州茅台，第十九和二十名分别是东方雨虹、苏泊尔。美股市场上，所有美股公司自上市至今的累计涨幅，第一名奥多比公司（ADOBE）超过1万倍，第二十名左右的涨幅（如家居装饰用品连锁店劳氏公司）也超过900倍。其他类别的资产，长期回报率能达到这些优秀上市公司股票回报水平的，恐怕非常罕见。可以说，最优秀的上市公司股票的长期回报遥遥领先于其他类别资产。

总之，长期来看，股票是最赚钱的大类资产。

2. 为什么股票最赚钱

经济活动的本质是生产（包括服务）和交换。公司是生产活动的主体。一个经营良好的公司，意味着它为社会提供了必要且有竞争力的商品和服务，反过来也可以说社会需要经营良好的公司存在，经济活动才能得以维持。持有上市公司的股票，就等于持有上市公司产权的一部分。相较于实体经济全部企业，上市公司无疑是其中最优秀的微观经济体。过去新股发行的审核制度尽管广受批评，但客观上还是具备了保证上市公司质量的优选功能；在全面注册制推进下，信息披露加强、退市配套政策力加大，证券市场本身的优胜劣汰机制逐步发挥作用，基本面黯淡的上市公司将会逐步退市，留下的大都是经过市场考验的优良上市公司。因此长期来看，上市公司群体是整个经济体中最优秀的微观企业的集合，是整个经济体系中最具活力的价值创造群体。

经济活动的终极目的是消费。投资的本质是牺牲当前的消费，也即牺牲当前购买（交换）的权利，试图换取未来更多购买（交换）的权利。如果投资者将当前的购买力（货币）转换为有前景的上市公司股票，则意味着未来投资者通过持有公司的一部分而对其他经济活动主体提供了必需的、有竞争力的产品和服务，也就意味着投资者在未来有更好的交换能力（也即购买能力）。也就是说，优质上市公司股权具有贮藏手段、流通手段（交换媒介）、支付手段等功能，从这些特点来看，优质上市公司股权可以说已经具备一些广义的货币属性了。优秀公司持续提供经济社会必需的、有竞争力的商品和服务，也持续创造价值，所以长期而言，无论通货膨胀、货币超发如何演变，优秀上市公司股权才是最赚钱的资产。夸张一点说，优秀上市公司股权才是长期最硬的硬通货。

3. 什么才是优质资产

稀缺的资产才是好资产，听起来没错。优秀的公司总是稀缺，优秀的股票总是稀缺，所以优秀上市公司股权是好资产。

有的大宗商品历史上很长时间都具有稀缺性，例如贵金属、部分稀有金属等。但是长时间看，一段时间的稀缺不代表永远稀缺。长期来看大宗商品整体的稀缺往往只是阶段性的。因为科技水平持续进步，当一种商品价格极其昂贵时，资本就会持续加大投入寻找可替代资源。大部分自然资源或多或少总是可以被替代的。曾经被广泛认为不可替代的石油、煤炭，在光伏、电动车等新能源产业的冲击下已不复昔日荣光，长期前景难免黯淡。

甚至货币本身，曾经的天然货币、稀有贵金属黄金，早已被主权信用货币取代。在全球主权信用货币泛滥的当下，不少人猜想黄金因其稀缺性有可能“价值回归”，但是黄金几乎没有工业用途，交换媒质、支付手段、价值尺度等基本货币功能在实际意义上几乎都不再具有，现代货币体系中黄金的角色几乎已可忽略不计，黄金的稀缺性仅仅表现为储量少，准确地说这仅仅是“稀少性”。基于区块链技术的加密数字货币会不会使得黄金过去在“货币体系中的稀缺性”进一步消退？如果因为储量有限的稀缺而看好黄金，那么特定品种的加密数字货币的稀缺性与黄金的稀缺性又有什么不同？有没有替代效应？加密数字货币品种供应扩大会不会使加密货币整体丧失稀缺性？

房地产又如何呢？也许对大多数人而言，有条件时至少需要一套自有产权的自住房。房子的基本居住功能以及附加于其上的隐性社会福利，可以给绝大多数人提供起码的安全感和归属感。著名基金经理彼得 · 林奇也说：“在投资股票之前先买一套房子。”

房屋的基本功能是居住，从这个角度看，未来没有居住需求的房子只能说是钢筋水泥，而如果未来有能力持续带来良好租金回报的房子就具备真正意义上的稀缺性。学区和其他附属福利可以视为房屋租金的另外一种形式。土地也许难以被替代，人类人口持续增长，土地似乎稀缺性很强。

过去 20 年中国房地产业的确创造了极高的回报，不过这个回报的未来长期可持续性堪忧。房地产业的确具有金融属性，不过这一属性的强弱在不同的历史时期不一样，长期来看未来中国房地产的金融属性应当是趋于逐步下降。“房住不炒”应当是长期国策，在经济结构变迁、人口总量和人口结构变迁发生历史性变化的背景下，未来房地产的阶段性供需缺口逐步消失，整体房地产的稀缺性也很可能在未来逐步消退。当然，就像股市熊市中也会有牛股，房地产市场应该总会有部分优质项目的投资机会。

那么到底什么才是真正的优质资产？笔者看来，真正的优质资产，是能持续创造价值的稀缺资产，是未来经济系统中能够给客户提供难以替代的产品或服务的公司股权或其他资源。具备难以复制的核心竞争力的公司股权是最优质的资产；这类优质公司，如果未来的客户越来越多，或者客单金额越来越大，即公司提供的产品和服务创造的收入越来越多，就是超级成长公司，超级成长公司的股权是优质资产中的极品，是回报最高的稀缺资产。

4. 大多数情况下个人创业不如投资股票

创业如果成功，则应该是赚钱最多的致富法门。于社会于个人，创业精神无疑是值得鼓励的。但大多数初创企业平均寿命不足 3 年，超过 98% 的创业者最后会失败，创业的成功率如此之低。很多初创企业勉力支撑越久，创业者资源投入越大，家庭财富消耗越多。

大多数普通人也许并不愿为了大富大贵而冒太大的创业风险。其实除了创业，投资优秀上市公司股权，等待慢慢变富，对于大多数普通人来说可能是更好的致富之道。

投资组合中持有优秀的上市公司股权，等同于投资者自己成为各行业领先企业的老板。组合中的上市公司之所以优秀，可能是因为实际控制人或管理层具有远见卓识或人格魅力，企业文化有凝聚力，企业创新能力强、研发投入大，市场销售能力强，产品品牌效应突出、有先发优势， 独有知识产权、稀缺资源， 战略得当、战术执行力强，行业前景和竞争格局好，等等，公司具有其中一部分特质，就可能成为超级成长公司。而对于创业者，要想做到具备其中的任何一种特质，都需要投入巨大的资源，经过艰苦的努力，冒巨大的风险，统计意义上最后还是大概率会失败。但投资者通过建立一个股票组合，就可以成为若干行业优势企业和优秀职业经理人的老板，相比倾其所有冒巨大风险亲自创业，岂不是更能轻松致富？

投资者当然也可以投资于非上市公司，但是对于大多数普通人而言，投资上市公司通常优于投资非上市公司。为什么呢？首先，道德风险问题。例如，创业者与人合伙开办公司，是不是要担心公司的控制权旁落呢？是不是要担心其他股东侵吞公司利益呢？投资者入股非上市公司，除了目标公司经营风险，担不担心公司实际控制人弄虚作假呢？担不担心公司实际控制人转移资产、卷款而逃、掏空公司呢？相对非上市公司，上市公司受到的监管要严格得多，信息披露更透明、公司治理更规范、小股东权益保护更可靠。当然，上市公司也有弄虚作假、大股东掏空上市公司资产的案例，这些都是极少数的特例，出现的概率很低，正好证明了上市公司整体的道德风险、信用风险更低。从这个方面来讲，显然投资上市公司比投资非上市公司面临公司实际控制人和管理层的道德风险要低很多。

其次，经营风险问题。大部分上市公司，都有较长时间的持续经营记录和持续盈利记录，已经拥有一定的市场地位和核心技术、知识产权或其他稀缺资源优势；而大多数普通人面临的非上市公司的投资机会，目标公司往往处于初创期或发展初期，公司经营风险大、前景不明。通常只有极少数初创期、发展初期的企业才能成长壮大。也就是说，投资非上市公司股权面临的经营风险通常更大，使得非上市公司的投资机会胜率比较低。当然，有的初创期、发展初期的公司一旦取得成功，投资者有机会取得很高倍数的回报，但这往往属于专业风险投资机构的投资方向，因为它们有能力通过分散投资于多个项目来控制风险，而普通人不具备这样的条件。

第三，流动性问题。非上市公司股权流动性极低，投资者急需用钱时很难变现，而投资于上市公司，投资者分分秒秒就可以在二级市场卖出股票换取现金，流动性优势是非上市公司股权无法比拟的。另外，股票流动性的优势，使得投资者纠错成本比较低，如果投资非上市公司失误，则很难及时退出止损。

第四，适度分散能力。投资组合适度分散，有利于规避风险、有利提高长期收益率。投资于上市公司，投资者用很少的资金即可拥有一个适度分散的投资组合，而投资非上市公司，如果想分散，则会面临资金量和可投资标的数量的限制。

第五，投资回报问题。投资优秀上市公司的回报非常有吸引力。A 股上市公司从上市首日至 2020 年年底，剔除重组股以后，涨幅最高的有 751 倍，涨幅第 20 名的也有 58 倍；美股市场上，所有美股公司从上市首日至 2020 年年底的累计涨幅，第 1 名奥多比公司（ADOBE）超过 1 万倍，第 20 名的装饰用品连锁店劳氏公司也超过 900 倍。当然，要选到优秀的上市公司，需要很好的投资知识和技能。普通投资者也可以通过证券投资基金投资在股市上，但同样需要学习如何挑选基金和投资基金，同时也应建立合理的回报预期。投资非上市公司与投资上市公司相比，在投资回报上不见得占优，承担的风险却很大。

此外，相对于孤注一掷自己开办公司，投资股票还可以通过构建组合，分散风险；证券组合的流动性也是创业投资于非上市公司股权无法比拟的。

可以说，对于大部分普通人来讲，用正确的方法投资正确的股票，就是最好的创业。

三、投资者该赚什么钱

股票是最赚钱的资产，这与大多数普通投资者的直观感觉也许不相符。相当多的 A 股市场的普通个人投资者长期以来一直赔钱，原因主要在于投资方法有问题。常见的投资方法方面的问题，包括听消息而不是深入研究炒股、情绪化或随意追涨杀跌及频繁短线交易、过度集中、高位加杠杆、超级牛股捂不住、套牢在垃圾股并长期持有，等等。

每个投资者都应找到最适合自己的赚钱方式。在股票赚的所有种类的货币中，上市公司利润长期增长带来的价值最吸引人，超级成长公司贡献的价值也最吸引人。对大多数普通投资者而言，在深入研究基础之上，分散买入若干只具有良好成长前景、估值相对长期成长空间有吸引力的个股，站在长期视角跟踪基本面、动态调整组合，可能是最切实可行的赚钱之道。如果感觉知识结构、时间精力有限，购买合适的指数基金或者优秀的主动基金也是很好的替代方法。

四、股票资产的高风险特性

这里说的股票资产，包括股票和股票方向基金（股票基金和偏股混合基金）。

各方面的数据都支持股票资产是长期收益率最高的大类资产，但是，这并不意味着，大多数普通人就应当将大部分资产投资于股市。为什么呢？因为，股票资产（包括股票方向证券投资基金）具有另外一个不容忽视的特点：高风险。衡量一项资产能不能重点配置，不能只看收益，还要考虑风险。

对大多数普通投资者而言，股票资产的主要风险可以大致分为以下三类。

1. 买错公司

普遍意义上上市公司未来经营发展具有很大不确定性。投资组合中的上市公司，有可能基本面本身达不到投资者买入时的预期。上市公司基本面始终处于变化之中，以前的好公司、当前的好公司，未来也可能变成差公司。此外，还有更普遍的一种情况：投资者一开始就选错了公司。因为市场上好公司数量总是只占小部分，大部分公司是平庸公司甚至是差公司，长期来看创造股市大部分价值增量的通常只是少数公司，大部分公司不怎么创造增量价值甚至毁灭价值。对于普通人而言，要选中好公司，这个难度实际上是比较高的。如果组合持有的是差公司，就不仅仅是股票价格波动性高不高的问题，而是长期价格持续下跌甚至接近清零可能性的问题。

2. 错误的投资方式

即便是投资者选中了好公司，也不等于成功。好公司的股票也需要有一个好估值才可能成为一只长线好股票。而就算是以好估值拥有了好公司股票，还需要有正确的长期跟踪投资方式。没有系统化方法支持的频繁短线交易不是正确的投资方式，简单僵化长期持有也不是正确的投资方式。关于这一部分内容，请参考阅读第五章“长期持有的梗”。

3. 价格的高波动性

股票价格的高波动性使其具有很大的风险。股票价格的高波动性既可能来自整体股市的系统性风险（大熊市风险），也可能来自个别公司价格的偶然波动或阶段性波动。无论来自哪个方面，过高的波动性一定会带来现实风险，包括因波动性带来的心理压力本身，由心理压力导致的非理性决策，不利波动发生时带来的实际流动性下降等。关于这一部分内容，请参考阅读第八章“关于组合的波动性控制”。

五、投资什么资产与投资者能力圈高度相关

对大多数普通投资者而言，股票资产是高风险资产。普通人通常有多种其他投资机会选择，例如银行长期定存、部分低风险的银行理财产品、货币基金、优质房地产、个人借贷、非上市公司股权等。如果投资者不具备足够的股票和股票方向基金的投资知识，那么与其到股票市场作“韭菜”，不如将钱投资于自己能看懂、自己能把握的资产，毕竟少赚点比亏大钱好得多。原则上，不投资不懂的资产，不投资信心不足的资产，应该适用于大部分人。

实际上，股票资产是不是优质资产，与投资者的个人能力圈息息相关。长期来看，股票资产整体回报的确更吸引人。尤其在未来房地产回报预期面临拐点的情况下，仅从未来长期收益率的角度来看，股票资产的吸引力可以说与日俱增。但想要在股市中获得回报，投资者需要学习积累足够的投资知识和技能。这些知识和技能至少包括：证券投资基础理论知识、科学投资理念、有效投资方法、基本风险控制能力。即使投

资者不直接投资于股票，而是投资于证券投资基金，也面临如何挑选到好基金的问题，投资证券投资基金同样需要足够的知识和技能。

总之，长期在股票市场存活和赚钱的要求并不低。尤其当前 A 股正处于注册制和退市新规及机构投资者逐渐主导市场的股价大分化时期，指数及少数优秀股票的大牛市与相当多基本面黯淡公司的大熊市同期呈现，对投资者投资能力的要求越来越高。因此，尽管理论上股票市场是最好的投资渠道，投资决策仍需理性和谨慎。

第二部分

如何挖掘和投资超级成长股

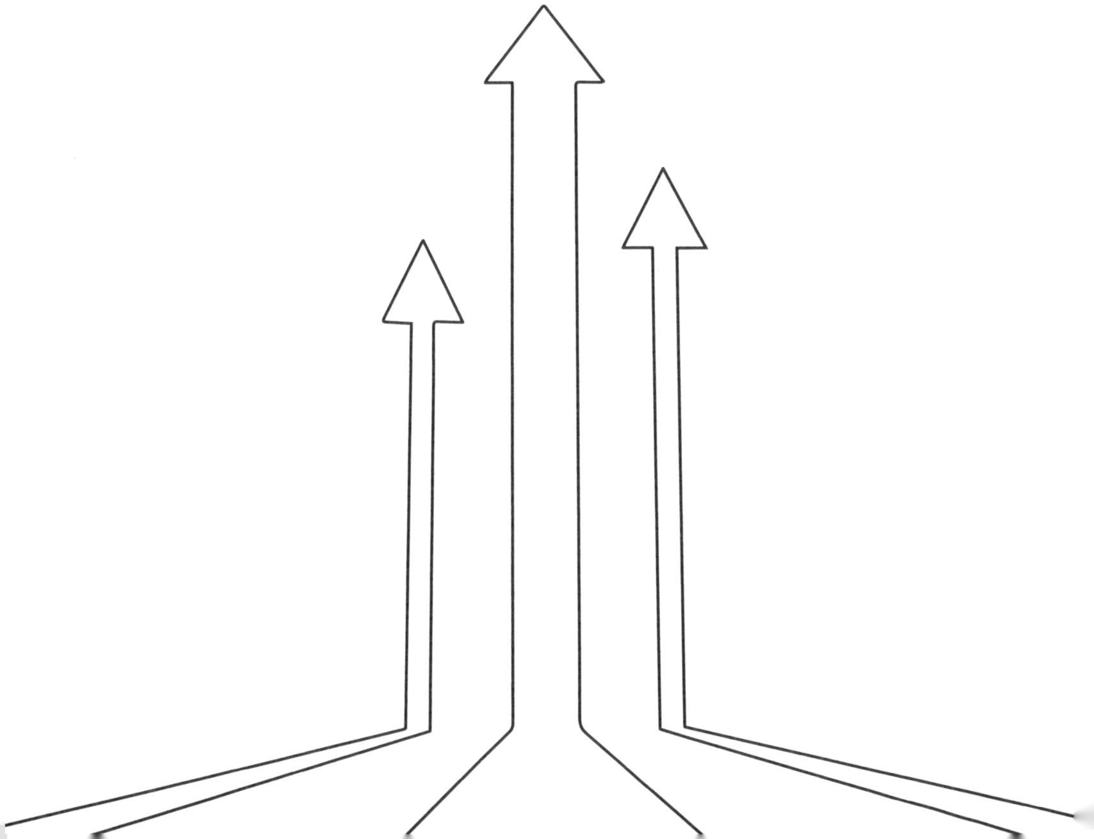

第二章

双因子增长模型

一、公司通用增长模型

寻找股价涨幅十倍以上的超级成长股是绝大多数股票投资者的梦想，许多人为之孜孜不倦。由于不同行业、不同竞争格局、不同商业模式的上市公司其增长逻辑往往有很大不同，投资者在研究不同类型的上市公司时常常眼花缭乱。持有“伟大公司”“一流公司 ”“管理层优秀的公司”的股票就是持有十倍的成长股吗？行业产品总是在降价，这样行业里的公司，是不是成长性就不好了？行业增长速度一般，行业内的公司是不是就没有成长性了？这些问题，都没有简单绝对的答案，问题背后反映出投资者对目标公司成长的基本路径不是很清晰。那么，有没有一个简单通用的增长模型能作为大多数上市公司的成长逻辑分析框架呢？

多年来，笔者在投研工作中设计并使用一个超级简单的双因子增长模型来辅助进行公司成长性分析。

公司的成长空间可以用很多财务指标来衡量，例如营业收入、净利润、自由现金流等。简化起见，可以使用营业收入增长率来衡量公司的长期成长空间。我们还可以做如下基本假定：目标上市公司主营业务单一、营业外收入和投资收益对净利润影响可以忽略再融资导致的股本变化，公司长期自由现金流与净利润基本相当。上述假定中，对于公司不止一种主营业务的情况，只需分别对不同的主营业务进行成长性分析，然后汇总分析结果即可；再融资造成的股本变化，对十倍级增长的超级成长股股价增长幅度来讲，应该可能有负面影响但实际可忽略不计；大多数超级成长股的长期自由现金流通常也高于净利润。这样假定下，就可以将上市公司的股价增长空间，基本对应上市公司的净利润增长空间。而净利润增长空间，长期而言首要的影响因素当然是营业收入增长空间。对于大多数主营业务突出、持续增长的超级牛股，企业的长期净利润（大致对应长期自由现金流）增长倍数，会略高于营业收入增长倍数（规模经济或市场地位提升导致的毛利率提高、费用率下降是最常见的原因），而股价的长期增长倍数，通常接近于净利润增长倍数。因此，在使用双因子增长模型得出营业收入长期增长倍数以后，再考虑净利润增长的放大倍数，就可以得出目标公司的未来股价涨幅的粗略倍数区间。

企业要获得营业收入成长，根本上只来自两个方面，一是市场容量的增长，二是企业自身市场份额的增长，这两方面的增长，即是本书所说的双因子增长。具体来讲，可以使用下述表达式：

（单一业务）营业收入增长率 =（1+ 行业容量增长率）×（1+ 市场份额增长率）-1

无论什么行业的上市公司，无论其商业模式如何，所有成长性分析，都针对行业容量增长率和市场份额增长率这两个因子进行深度分析，最后得出相应的定量结论就可以大致推知目标公司的潜在长期营业收入增长倍数。当然，虽然是定量，但并不需要也不可能做到精确。“模糊的正确胜过精确的错误”。

下面分别介绍行业容量增长率和市场份额增长率。

二、行业容量增长

◇◇

行业容量增长，最主要来自两大因素：一是渗透率的提升，二是产品价格的提升。

1. 渗透率

渗透率 = 商品的现有需求量 / 商品的潜在需求量（商品的潜在需求量的精确定义可能会有争议，但采用哪种定义并不会影响双因子模型的结论）。例如对于新能源汽车，将全部新能源汽车的销量除以全部汽车（包括新能源汽车和传统燃油汽车）的销量即可得出新能源汽车的渗透率。

新兴产业公司往往其渗透率提升是主要看点，换一种说法，渗透率很低的产业才是新兴产业，如果渗透率已经很高，比如高到超过50%，新兴产业基本上就逐步过渡到传统产业了。渗透率从接近 0 到1%，这个成长空间其实是个倍数很高的空间，这个阶段，意味着革命性创新产品刚刚推向市场，渗透率远期前景还不是十分明朗，往往风投或更早期阶段的投资可能更为关注。除去VC类投资者（高风险投资者）关注的新创小公司以外，上市公司也可能推出不同于自己原来产品的领先时代的革命性新产品（如苹果公司在2007年年底推出划时代的触摸屏智能手机）从而带来极大渗透率提升的炫目成长机会；渗透率如果从1%～50%，这是49倍的增长，这种情况下尽管假定目标公司市场份额稳定甚至有所下降，产品价格假定变化不大甚至有所下降，其增长倍数往往也是极为惊人的。例如苹果公司推出智能手机之后，智能手机的渗透率持续快速提升，在安卓手机厂商的激烈竞争下，苹果在智能手机市场的份额有所下滑，但仍然收获了很高的累计增长倍数。

但同样是智能手机产业非常早期阶段的HTC公司，遥遥领先于传统手机厂商推出多普达系列智能手机，同样面临渗透率提升的历史性机遇，但后来没有实现高增长倍数，原因不在于渗透率，而在于双因子增长模型的另一因子：市场份额。HTC公司的市场份额持续下滑，从而使得公司营收下降，未能实现增长梦想。可见，双因子模型，对两个因子都必须持续深度跟踪分析，单独分析其中任何一个因子都不够。关于行业容量增长率和市场份额增长率的进一步分析办法，请参考阅读第四章“聪明的成长股趋势跟随”。

2. 产品价格变动

产品价格变动对行业容量增长的贡献是很容易理解的。例如白酒行业，白酒的渗透率变化很小，但整个白酒行业，尤其高端白酒子行业受益于价格持续提升，也实现了很好的行业容量增长率；再如调味品行业，渗透率变化并不是很大，但是调味品持续的品牌化、高端化，使得行业容量本身实现了持续增长。

大部分传统行业，行业壁垒和行业特质原因形成了行业竞争格局的优劣，从而决定了行业价格的变动趋势，以及行业内主要企业的相当长周期内的利润率、资产回报率。

价格上升当然是好事，但是并不能简单地认为产品价格持续上升的行业才是好行业。例如，新能源汽车产业、光伏产业、云计算产业，这些新兴产业，产品价格都在持续下降，但受益于渗透率提升（技术进步推动的产品价格下降往往是渗透率提升的最大动力）、行业容量规模仍然持续增长，相关领域上市公司营收也获得了持续的增长。另外，技术进步往往带来成本下降，从而推动相关上市公司在产品价格下降的情况下盈利水平获得持续提升。例如率先推出云计算业务的亚马逊公司，其云计算业务服务价格一直处于下降通道（甚至其市场份额也因竞争者的加入而下滑），但受益于渗透率的提升导致的行业容量增长，亚马逊云计算业务仍然持续增长，成为该公司很长时间内最主要的营收和利润增长引擎。因此，产品价格上升好还是下降好，宜抓住主要矛盾，具体问题具体分析。

实际上长周期来看，产品价格能持续上升（尤其是超越通货膨胀率上升）的行业是少之又少。如果将时间拉长到几十年以上的维度，历史上大部分行业发展史，都是行业内产品价格的持续降价史（严格来讲长区间价格水平要考虑长期通胀背景）。从蒸汽机到电力、电话、电脑、互联网、创新药、新材料和新能源，这些都是当年的新兴技术和产品、当年都是新兴产业，这些划时代的新产品从一开始推出价格昂贵，随后技术进步推动价格下降，产品从贵族化奢侈品进入寻常百姓家。产品价格的持续下降推动了产品渗透率的持续提升，行业容量规模持续增长，行业内成功公司得以实现巨大增长。如果过于担心产业内价格下降的长期趋势、忽视技术进步推动的成本下降、产品价格下降从而推动渗透率的大幅提升，就意味着主动放弃了大部分的投资机会。

三、市场份额增长

市场份额变化情况的分析，常常不被足够重视，但实际上往往极其重要。市场份额从 5% 增长到 30%，意味着 5 倍的营收增长，已经是足以产生 10 倍以上大牛股的增长水平了。现实中，存在相当多数量看起来不引人注目的传统产业上市公司，市场份额持续提升，从而推动公司实现了倍数级的收入和利润增长。格力电器、三一重工、海螺水泥、东方雨虹、坚朗五金……案例非常多。当然，这些上市公司的增长，同样也受益于市场容量的增长，但相较而言，份额的提升往往起到相同重要或更为重要的作用。

市场份额变化往往会带来投资机会，尤其是当行业内龙头企业只有很小份额，比如 5% 左右的市场份额，而公司的龙头地位稳固、份额有望持续提升时，这时的投资机会往往最好，因为龙头地位稳固意味着业绩波动程度小（从而股价波动性往往也比较小），而市场份额提升的空间倍数又足够大；而当行业内龙头份额已经高达四五成时，龙头企业的份额增长对收入增长的贡献空间就会非常有限，例如从 40% 份额增长至 60% 份额，对公司营收的增长贡献只有 20%，如果行业容量增长前景也一般，大概率这种情况下企业的成长空间就会下台阶了，难以成就倍数级的成长股挑选目标。

市场份额提升带来的投资机会，除了受益于营业收入增长以外，还常受益于一个重要的伴生的变量变化：利润率的提升。当龙头企业份额稳固、持续提升时，毛利率往往保持稳定或有所提升，费用率往往持续下降，这样就会进一步放大龙头企业的净利润增长速度。

如果一个行业，长期来看增长很低，甚至没什么增长，行业内上市公司是不是就前景黯淡呢？实际上并不是。对于很多增长前景一般的传统行业上市公司，由于市场份额的增长空间很大，也即行业由分散走向集中的空间很大，其中的上市公司增长前景往往更为诱人。尤其中国相当多产业的发展正经历从分散到集中的历史性阶段，这类“大行业小公司”的投资机会，实际上是最值得重点关注的机会之一。例如，消费建材类不少子行业，同时面临房地产未来需求下降从而造成消费建材行业容量下降，以及行业集中度提升空间较大的机遇，不少消费建材细分行业龙头企业，其未来市场份额上升贡献的营收增长空间远大于市场容量可能下降带来的萎缩空间，因此其仍然可能成为最值得中长期重点关注的公司。

但是，对于预期长期内都可能持续有较大负增长的行业，还是谨慎为好。因为集中度的提升很大可能敌不过行业需求总量的下滑。尤其对于那些可能会被新技术颠覆或受极大冲击的行业，更应谨慎再谨慎，甚至不碰为宜。例如传统纸媒行业，传统线下的实体商业零售企业，受新能源冲击的传统化石能源部分细分行业等。

可能与很多投资者直观感觉不一样的是，新兴产业，往往相当多公司最后都难以取得好的长期增长率，以双因子增长模型的视角来看，主要原因在于市场份额的不利变化。新兴产业因为行业增长容量大，往往吸引大量资本进入，竞争激烈，技术或模式壁垒、品牌形象壁垒一旦被攻克，企业市场份额就可能大幅下降（通常也伴随利润率大幅下降），从而使处于不利竞争地位的企业营收和利润出现萎缩。前述HTC 的案例应当是新兴产业公司市场份额萎缩的经典案例，A 股这方面也不乏相当数量的前车之鉴。

关于目标企业市场份额变动趋势的跟踪分析请参考阅读第四章“聪明的成长股趋势跟随”。

四、使用双因子增长模型的意义

双因子增长模型可以作为一个工具，用于帮助投资者量化分析目标上市公司的潜在成长空间。一个成长股投资组合本质是比较分析上市公司成长性后，将其中最有成长性的目标公司纳入组合。什么叫最有成长性？可以认为是长期增长空间最大，不管是 10 年 10 倍以上、还是 10 年 5 ～ 10 倍，投资者通过使用双因子增长模型，得出粗略的但是定量化的成长倍数结论，即可对目标公司进行成长空间排序。

双因子增长模型的作用还在于帮助投资者在进行具体的基本面研究时，避免被一些局部信息吸引过多注意力，从而迷失了研究目的或研究方向。例如，常见不少投资者沉迷于诸如某公司是伟大企业，某公司是一流企业，某公司领导人很有人格魅力，某公司管理层很进取，某公司营销渠道建设很好，某公司研发能力强，某公司战略得当，某行业壁垒高不高，等等。事实上，上述这些问题不是不重要，但都是局部问题、中间步骤问题。这些问题的答案并不能回答企业成长性好不好的问题。一个公司的成长性到底好不好，它必须要回答两个终极问题——市场容量增长空间有多大、市场份额增长空间有多大，然后将这两个答案代入双因子增长模型表达式进行简单计算，从而量化得出目标公司的长期成长性。

上述常见企业管理层和企业经营策略相关问题，实际上是用于辅助进行企业竞争力的判断，从而辅助判断企业的市场份额变动趋势（以及辅助判断企业利润率变动趋势）。

五、双因子增长模型的正确使用

双因子增长模型也许不能覆盖全部超级成长股的成长逻辑，但相信已经可以覆盖绝大多数超级成长股的成长逻辑。

现实情况当然要比简单模型复杂得多，但投资者应当尽量将看似复杂的情况进行抽象，再按照双因子模型的思路来进行中长期增长空间的思考。

例如饮料公司开发了一款新配方新包装的新产品，销量不错。一个思路是看其对老产品的替代性和新客户的拓展性，如果替代性强、客户重叠大，差不多就可以将其列入老产品线的正常增长分析轨道，即不应将其视为一种全新的业务单列分析；如果是全新产品全新客户、跟老产品替代关系小，差不多就要考虑单列成新产品来跟踪分析其渗透率空间决定的市场容量空间了。

必须要指出，双因子模型只是分析了目标公司可能的潜在成长空间，目标公司能否实现这个成长，还需进一步深度分析行业壁垒、企业竞争力等深层原因，并通过跟踪其动态经营数据和产业数据来验证、调整企业成长性预期。相关内容请参考阅读本书第四章“聪明的成长股趋势跟随”。

如果双因子增长模型这个简单的模型不适用或是不易找到答案，那么投资者可以考虑放弃研究标的。投资标的应当越简单越好。成长型公司不能使用双因子模型，大概率说明公司成长逻辑过于复杂或难以把握，弃繁就简是更聪明的选择。相关内容请参考阅读本书第三章“只投十分钟就能看懂的公司”。

第三章
只投十分钟就能看懂的公司

对于一名经验丰富的证券市场“老司机”，如果十分钟看不懂一家公司，估计多花十小时也很难看懂。

只投十分钟能看懂的公司，意思即是只投简单公司。十分钟虽然不能对目标公司事无巨细一览无遗，但对简单公司来讲，差不多能够对其概况有大致了解，能够判断目标公司是否值得深入研究和跟踪。只投简单公司，意味着高效率的研究筛选和将有限资源集中于高赔率的目标公司。

一、有限资源集中于高赔率的简单公司

目前仅 A 股市场就有四千余只个股。显然，与其撒胡椒面式研究和投资，不如将有限资源集中于最可能产生优秀回报的公司。而大部分长期最佳回报的公司恰好都是简单公司。

1. 大部分超级成长公司业务简单易懂

观察所有 A 股上市公司自上市至今（2020 年 12 月底），前二十名涨幅如下（剔除 *ST 飞乐和其中的几只重组股：华域汽车原巴士股份、方正科技原延中实业、紫光国微原晶原电子、中炬高新原中山火炬、三安光电原活力 28）：泸州老窖涨幅 751 倍、贵州茅台涨幅 415 倍、伊利股份涨幅 400 倍、万科 A 涨幅 302 倍、山西汾酒涨幅 238 倍、恒瑞医药涨幅 214 倍、云南白药涨幅 199 倍、格力电器涨幅 199 倍、长春高新涨幅 179 倍、恒生电子涨幅 127 倍、万华化学涨幅 111 倍、片仔癀涨幅 108 倍、福耀玻璃涨幅 96 倍、五粮液涨幅 95 倍、双汇发展涨幅 85 倍、海尔智家涨幅 85 倍、三一重工涨幅 78 倍、华兰生物涨幅 64 倍、东方雨虹涨幅 64 倍、苏泊尔涨幅 58 倍。这些公司，大部分是主营业务简单到一眼看懂的公司，其中少数几家如恒瑞医药、万华化学、恒生电子、华兰生物等，也只需具备一点点对所属行业和产品的粗浅了解即可跟踪研究，但也仍然属于主营业务和产品单一、简单易懂的范畴。

美股市场上的超级大牛股情况也很类似。观察所有美股自上市至今（2020 年 12 月底）的涨幅，剔除异常数据，排名前列（数据源原因不完全精确，但不影响结论）的分别是奥多比（ADOBE）公司 11 600 余倍涨幅，布朗保险经纪公司 7900 余倍涨幅，雪佛兰公司（石油和天然气公司）6400 余倍涨幅，微软公司 3500 余倍涨幅，丹纳赫公司（仪器和设备公司）2600 余倍涨幅，TJX 公司（服饰零售商）2000 余倍涨幅，怪物饮料公司 1900 余倍涨幅，安进公司（创新药公司）1800 余倍涨幅，亚马逊公司（电子商务公司）1600 余倍涨幅，宣威公司（油漆涂料公司）1600 余倍涨幅，沃尔玛公司（连锁零售）1400 余倍涨幅，孩之宝（玩具公司）1400 余倍涨幅，联合健康集团（医疗保健综合服务公司）1300 余倍涨幅，苹果公司 1100 余倍涨幅，甲骨文公司（数据库和软件）1100 余倍涨幅，沛齐公司（薪酬和人力资源服务）1000 余倍涨幅，快扣公司（工业和建筑用品批发零售）1000 余倍涨幅，家得宝公司（家具建材零售）1000 余倍涨幅，海科航空公司（航空航天零配件和服务）900 余倍涨幅，劳氏公司（家居装饰用品连锁店）900 余倍涨幅。

其中少数公司产品是比较专业的，比如奥多比公司 ADOBE、丹纳赫公司、安进公司、甲骨文公司和海科航空公司，具备一点基础的相关领域经验或知识背景，都能很容易理解这些公司的业务。涨幅排名再略往后一点的公司，大部仍然是耳熟能详的简单公司，例如家庭人寿保险公司、盖普公司（服装品牌 GAP）、思科公司、百思买公司等。

不是所有更不是大部分业务简单的公司都有远大成长前景，但是大部分具有远大前景的公司业务都比较简单。无论理论基础、研发过程和制造工艺如何复杂，一家成功公司给客户提供的产品，永远应当是简单易用、具备良好的体验、有吸引力的价格（当然不是价格越低越好，如高端白酒）。这样的公司，从投资者的角度来看，就是业务简单易懂。而且，往往很多的行业里看起来简单的公司其产品一旦获得市场主导权，建立起的壁垒（“护城河”）往往非常深厚，随着市场渗透率和市场份额的持续提升，公司的利润和现金流都有望实现长期、持续、高倍数的增长，从而带来丰厚的股东回报。

2. 简单产品 / 商业模式与核心竞争力

产品和商业模式看起来简单，并不是说简单本身是竞争力，而是说，看似简单的业务如果持续取得成功、成长，往往说明简单业务背后具有强大的成功商业逻辑和核心竞争力。从证券投资角度，公司研究的目的就是透过看似简单的业务表象，探寻其后的公司核心竞争力和壁垒以及产业格局演变背景和趋势，从而推测目标公司的成长前景。

公司的核心竞争力、壁垒，亦绝对不是越复杂越好，正好相反，竞争对手难以复制的竞争力和壁垒，越简单则越强壮。一个极端例子，有这样一家公司，业务简单到甚至不要管理层如何殚精竭虑扩大销售、降低成本、创新研发的“傻瓜型”公司，治理结构方面甚至引发市场对中小股东利益保护的担心，但公司仍然能实现产品供不应求，并能实现长期持续稳健增长，这样的简单业务，成就了A股迄今可能最极品的超级大牛股——贵州茅台。

看起来简单的产品和商业模式，往往意味着表面的进入门槛不高，也意味着在行业初期阶段，有太多的各路创业者、产业资本杀入市场。如果在一个已经经历过充分市场竞争的行业里，出现了少数几家市场份额持续领先的公司，说明该批公司的核心竞争力经历过考验，相对值得更多的信任。简单产品和商业模式的公司持续成功，意味着某种竞争壁垒开始迅速抬高，新进入者更难取得成功，而领跑公司就有机会开始持续收获市场容量和份额增长的红利。通常这些壁垒包括但不限于品牌、渠道、技术诀窍和技术积累、规模优势、先发优势，用户放弃当前产品而使用其他产品的转换成本，企业文化和管理层激励水平，企业领袖个人企业家才能和性格魅力，等等。成功公司往往只需具备其中一项或某几项，就构成其难以被颠覆的核心竞争力。

3. 复杂公司的研究价值有限

业务越是复杂的公司，越需要谨慎。如果目标公司主营业务，是一个很专业、很生僻的领域，投资者几分钟不能明白个大概的话，通常多花几小时、几天也不太会看懂，看懂了也往往难以跟踪研究，所以可以考虑直接放弃，除非目标公司基础指标特别优秀或其他什么原因使投资者欲罢不能。

对于业务种类复杂、不同业务之间关联度低的上市公司本身的研究价值往往也很有限。因为该类上市公司的增长前景需要汇总全部或主要细分业务的经营前景；某项单项业务的增长对整体上市公司增长的贡献都可能很有限；上市公司资源散布于多项业务，很大可能性也表明上市公司未来发展方向不明。由于投资者需要分拆其单项业务，每项业务都需要做针对性研究，研究一家上市公司，有可能投入的研究资源，相当于研究几家上市公司。

复杂公司除了需要投资者投入很大研究资源外，还往往经营不稳定，公司的中长期可预测性很差。由于复杂业务本身具有潜在的不稳定性，因此伴随的可预见性差，即使是曾经有过漂亮的财务指标的，也应当以谨慎为上。大多数情况下，剔除出观察库并没有什么损失。

现实市场环境里，每家上市公司都陆续会有负面新闻，证券市场本就充满各式各样的新闻、情绪化观点甚至谣言。人类的本能属性，决定了投资者必然会受到这些信息的冲击，情绪不可避免会产生波动。如果公司的主营业务复杂难以理解或者影响因素太多，投资者更难在遭遇大量信息轰炸时保持理性。

4. 能力圈与简单性

显然，不同知识背景的投资者对同一公司的理解，简单还是复杂的感受是不一样的。例如，几乎从不上网的菜场大妈可能一直搞不懂搜索引擎为何物，而教育背景良好的资深网民投资者也许几秒钟就能明白谷歌、百度的商业模式。有的投资者在大型科技企业、大型工业企业有较长时间的工作经验，或者长期跟踪研究某些科技企业或特定行业的工业企业，在这种情况下，对于普通大众来讲比较复杂难懂的业务，在这些具备特殊背景的投资者眼中可能轻松搞定，这样的投资者面对的投资机会就更多。例如上面提到的A股超级大牛股中，恒瑞医药、恒生电子、万华化学、三一重工，确实是需要一些最基本的行业知识才容易理解透彻。

证券投资组合中，将弱相关而又具有高收益预期的分散股票的纳入，会对组合绩效提升有很好的帮助，这再次说明拓展个人能力圈对于证券投资的良性帮助。相关内容请参考阅读本书第七章“投资组合的分散与集中”、第八章“关于组合的波动性控制”。

很多经验丰富的研究员/基金经理，长年累月跟踪很多不同行业和上市公司的基本面情况，视野广阔，就有机会关注和研究跟踪普通个人投资者看起来可能业务偏于复杂的上市公司，他们可选投资机会理论上就更多一点。这应当也是机构投资者相对普通个人投资者的优势之一。

5. 专家意见陷阱

当然，现实中也常有另一种情况，行业专家背景的投资者，对自己熟知的行业非常自信，对目标公司的情况觉得一目了然，自信到觉得完全可以坚守自己与众不同的观点。但实际上，由于任何人的认知能力都有限，实体产业逻辑不完全等同于或不同步于证券市场逻辑，人力亦不可能准确预测未来，道行再深的专家也都有可能犯错。《股票作手回忆录》里，有一位棉花专家，拥有强大的一手数据资料和分析逻辑，身经百战、被《纽约时报》誉为“百年美股第一人”的利弗莫尔听信这位专家分析，放弃了自己原本坚持的有效交易逻辑，最终棉花专家判断失误，利弗莫尔也投资失败，亏损巨大并破产。

可见，就算是顶级行业专家，在面对永不确定的产业市场和证券市场，也宜保持一份敬畏之心。一般说来，简单的业务可预测性强一些；同一业务不同背景的投资者看起来简单程度不一样；行业专家对于自己熟悉的领域确实可能有较大研究优势，但即使是行业专家，也不一定就能真正在自己熟悉的领域准确预判未来。理性投资者可以参考行业专家的观点，但对公司成长性和投资价值的判断方面，还是应秉持简单的商业逻辑独立理性分析。如何进一步分析、如何应对研究失误，请参考阅读本书第四章“聪明的成长股趋势跟随”、第七章“投资组合的分散与集中”。

6、研发费用与牛股基因

近年来，科技大爆炸，证券市场的大牛股来自科技行业、新兴产业的越来越多。研发投入和研发效率的确成为高科技行业上市公司核心竞争力和成长性的重要指标之一。那么，从投资研究角度来看，是不是要花很多力气考察目标上市公司的研发投入强度、研发投入效率呢？这个问题不能简单而论。

（1）证券投资，勿神话研发投入

普遍意义上，企业持续加大研发投入是值得鼓励的。因为研发是创新的源泉，没有研发就没有创新，没有创新就难以进步。实体经济整体研发投入加大，有利于社会生产力的整体提升。但从证券投资的角度来看，目标上市公司未必研发投入越大越好，很可能是没有或很少研发费用投入、甚至不需要研发费用投入的公司，其核心竞争力更强大，更可能创造高回报。

因为研发投入本身还是比较容易模仿，公司并不容易因研发投入大而形成独特竞争优势。研发人员素质、数量、激励机制等，通过持续加大投入是可以追平差距的。真正强大的核心竞争力是不容易被模仿、不容易被加大资本投入就可以追平的竞争力。例如，茅台酒的竞争力很难被其他酒企通过加大研发而减弱。无论同行业公司是想通过研发还是营销等其他手段竞争，都难以撼动高端白酒产业几个头部公司的竞争力。所以在产业市场上，头部白酒公司持续创造超额利润，从而推动了行业在二级市场的长期超额收益。不需要拼研发、甚至不需要拼市场营销、不需要拼管理水平、不需要拼降本能力等的公司，反而有可能是极品的二级市场长期的投资标的。

另外，企业的高额研发投入不一定能带来好的结果，往往高额研发投入大部分情况下往往没什么回报。百年“蓝色巨人”IBM的研发投入一直都很高，朗讯、摩托罗拉等研发投入也很高，但都已走下神坛。A股市场上某著名上市通信设备制造商，研发费用一直很高，但其过往十来年公司的净利润增长及股价上涨回报很一般。创新的代价很高昂。

（2）伟大创新往往来自小公司

即使是在科技行业，也并非研发投入少的公司就没有机会。实际上，真正具有划时代意义的伟大发明往往来自小公司。例如，社交软件脸书（Face Book）公司诞生于大学校园学生创业；谷歌公司，其成长壮大靠的是早年并不需太高研发费用投入而发明的搜索引擎。

（3）研发竞争及研发投入的风险投资特性

对于市场容量大、已经进入成长后期的行业，落后公司可以通过加大研发投入及提高研发效率，缩小与业内一流企业的差距，获取市场份额。近年来市场热捧的“国产替代逻辑”本质上就是国内企业加大研发投入，力图缩小与国外领先企业的差距，从而攫取市场份额使企业获得成长。而对于原本领先的龙头公司，持续保持高额研发费用投入，则有利于塑造技术壁垒，持续获取超额收益。也就是说，研发投入和研发效率在科技含量比较高的行业的确形成了重要的竞争要素和竞争壁垒。

如果把公司研发费用投向具备广阔市场需求的新产品，一旦研发成功，则可以获得极高倍数的增长，例如近年来的移动短视频平台、针对流行疾病的疫苗、智能家居等。但往往用于新产品开发的大部分研发投入都颗粒无收。发明创新并取得市场成功的概率通常都比较低。

因此，公司对新产品的研发投入可以看成是风险投资，往往投了很多都不会有好的结果，但一旦获得成功，很可能一个新产品的研发就带来巨额的回报。创新药行业的研发投入就是这样的典型。

总之，客观看待上市公司的研发费用，既不要神话研发、也不要轻视研发。好的投资机会，既可能来自研发投入高的公司，也可能来自研发投入低的公司，甚至根本就不需要太多研发投入的公司。

二、不超过十分钟的高效率研究筛选

1. 初步筛选

相信很多有经验的投资者跟我们一样，对于一个不了解的上市公司，打开某一个专业财经资讯终端，先浏览几个最重要的财务指标和公司基本信息，花不过几分钟的时间，即可得出目标公司值不值得深度跟踪研究的结论。

因为，一个公司如果是好公司，绝大多数情形下，它过去的财务指标整体上一定不会差，主流研究机构对其的研究覆盖和预期一定也不会太差，仅仅凭这些基础指标和信息即可初步判断该公司进一步的研究价值。当然，这里先要排除A股历史上的重组股逻辑，下文讨论范畴排除资产重组逻辑，资产重组逻辑机会在未来A股市场上应当不会是主流投资机会，即使有资产重组机会多半也是属于极小众投资者的机会。

当然市场上也不乏有上市公司，过去业绩平庸，而后来业绩出众，甚至成长为大牛股的例子。特别是困境反转型上市公司的投资机会往往也很大。但是，有几个原因支持投资者不必非要在过去业绩平庸、财务指标平庸的公司里寻找机会：一是，投资者可以等将来这个公司财务指标（或至少是可以观察到的业务指标）有明确向好迹象了，再去投资这家公司也不迟，即不需要吃全鱼，只吃鱼肚或大部分鱼肚即可（相关内容请参考阅读本书第四章“聪明的成长股趋势跟随”）；二是，概率上讲，财务指标不好的上市公司出牛股的概率更低（尤其是全面注册制逐步推进下A股资产重组逻辑将会进一步边缘化），财务指标好的上市公司出大牛股的概率当然更高——在高个子里寻找篮球高手，肯定比在低个子里寻找更有效率，世上有篮球天赋的高个子数量也足够多；三是，困境反转型上市公司的投资机会，更多属于是少数行业专家或业内人士以及具备充实研究资源和经验的证券投资专业机构的游戏，绝大多数普通投资者难以涉足，且如果仅仅是困境的“反转”，相当于是只有价值重估，多半只是阶段性机会、往往不是全程机会；如果是超级成长股的大机会，等待财务指标或至少是可靠的业务指标有明显变好的迹象再投资并不会错过太多。

得益于技术和商业模式的进步，金融资讯提供商们提供的证券分析终端工具现在是如此便捷。有经验的投资者只需花费几分钟的时间，就可以看明白目标上市公司过去多年的收入和利润的增长率、现金流、ROE[1] 等指标。注意，被出具过非标审计意见的直接剔除观察库即可。上述指标不好，直接剔除；指标好的，再进入下一步研究程序。这一步，

---

1 ROE 是指净资产收益率，在股市里净资产收益率又叫作股东权益报酬率。

经验丰富的投资者甚至不用过多关注行业属性带来的不同行业上市公司财务指标的差别，因为如果真的是好公司，上面列举的关键财务指标和基本信息，都会同样优秀。此时，通常，走到这一步总共也许就两三分钟，不会超过五分钟。

2. 初选之后的进一步研究方向

在金融资讯终端的帮助下，有经验的投资者其实几分钟时间就可以浏览完上述关键财务指标，如果这些指标整体不错，就可以进入下一步研究了。过去好不等于未来好。过去为什么好？是偶然原因还是必然原因？未来会持续、还是会更好，或是更差？这些问题，是下一步研究的根本问题，当然不是几分钟就能完成的。但有经验的投资者，可以再多花几钟，进一步用排除法研究，以确定标的公司是否值得更深入地研究和跟踪。

第一，公司的主营业务对自己是否简单易懂？

投资者宜选择业务简单、易于理解的上市公司进行研究和构建组合。对于看似简单的业务、看似简单的逻辑，投资者宜保持对不确定性、对人类认知的“易错性”的敬畏之心。

第二，目标公司机构覆盖情况如何？

机构覆盖，包括主流研究机构覆盖和主流机构持股。如果公司没有主流研究机构的研究覆盖、很少甚至没有主流机构投资者持股，则可以持有更为谨慎的态度。诚然，没有研究机构覆盖和机构持股，不排除公司会成为一匹大黑马。但是，逻辑上讲，二级市场是公开市场，监管严格、信息透明，是金子总会发光，没有发光的很大可能仅是普通石头。如果是金子被尘土掩盖，我们也可以等到有风吹去尘埃，再俯身捡拾。同时，对于大部分普通投资者而言，首先假定自己认知能力有限、信息获取渠道有限，对一个没有机构覆盖或参与的公司，如果要投资的话，就需要自己投入更多的研究资源和做出完全迥异于全市场主流观点的判断，资源投入强度和风险不言而喻。不是不可以，但很可能没必要。因为能力和资源有限，就像不需要一定要在矮个子里找篮球队员，我们不需要成为打响第一枪的人、不需要吃整鱼。

第三，逐步形成的市场共识：B to C 优于 B to B 优于 B to G。

观察上述中美两市累计涨幅排名前二十的上市公司，都有一个特点：商业模式为消费类行业占大头，消费类行业的商业模式基本归属于 B to C（企业对个人）。当前 A 股市场逐步形成这样的共识：B to C 商业模式优于 B to B 商业模式（企业对企业）优于 B to G 模式（企业对政府）。这个观点主要原因如下：简单产品和简单商业模式的成功公司更容易取得长期持续成长。B to B 和 B to G 模式，通常情况下客户需求个性化强，决策链长、决策流程长、决策目标多元化、决策目标易变性强，这些特点使得供需双方的交易达成和长期持续具有更大的变数，商业合作的长期不确定性远远大于 B to C。而 B to C 的业务以个人为目标客户，尽管个人客户形形色色，可以根据消费水平、年龄、认知能力、消费习惯等细分，但特定消费人群的消费特点是具有很大共性和长期一致性的，例如高性价比产品需求、廉价产品需求、奢侈品需求、特定身份认同需求、购买易得性需求、产品质量一致性需求、社交需求，等等，公司只需在其中一个需求特质的一个商品类目取得成功，其建立起的综合优势往往在很长时间都难以被颠覆。而不论是哪一种细分需求特点即可，面向个人用户的产品或服务，绝大部分必然是简单易用，商业模式也一目了然。从投资研究的角度而言就意味着目标公司的简单易懂。

第四，通常行业龙头优先。

行业龙头之所以成为龙头，是因为其通常已经有长时间成功经营的记录，证明其是市场竞争的成功者。充分市场竞争之后持续保持绝对行业领先地位的公司，通常拥有其他产业参与者难以企及的优势。如果后续能通过进一步研究找到、理解并认同这种优势，那么目标公司当然就成为该行业的首选投资对象。对于大多数普通投资者来讲，行业龙头公司就是该行业的简单公司。

当然实际产业情况复杂得多，产业市场不乏龙二龙三崛起挑战龙一、最后成功替代龙一的例子。从结果来看，能够替代掉原有的行业龙头、进而自身崛起为新的龙头，这样的公司当然成长空间更大，长期回报通常更高。但龙二龙三最后成功晋升龙一的情况毕竟还是少数；大多数情况下，龙一的经营稳定性、成长确定性都要大于龙二龙三。另外，对龙二龙三的核心竞争力的研究、理解并认同更为困难，研究资源耗费更大。因此通常只有产业资深相关人士才有足够的信心和条件找到龙二龙三成为龙一的早期投资机会。实际上对于这类机会，亦可以保持观察和等待，待龙二龙三已经成功成为龙一，或者有足够强的证据显示其即将成为龙一时，再进行投资不迟。

相反，如果有迹象显示龙一市场份额与龙二龙三的差距在缩小，这种情况下当然要以谨慎原则对龙一的核心竞争力和领先地位，以及对行业竞争格局、竞争壁垒进行动态评估。

第五，有明显污点的上市公司可以考虑排除。

这些污点，包括但不限于：确定性财务造假、被出具非标准审计

报告、违规担保、控股股东被立案侦查或有重大失信行为，等等

上述所有关键信息，在专业金融资讯终端里集中初步查询，对有经验的投资者，确实不需要超过十分钟。当然并不是说，这样初步研究之后的公司就可以投资了，而是说，经过上述初步研究和排查之后的上市公司，有可能有进一步研究的价值。这就类似于在短时间内确认了身高要求，但其有没有篮球天赋，还需要进一步研究确认。

进一步的研究方向在哪里呢？至少包括行业容量及其变动趋势、市场份额及变动趋势、行业竞争格局和竞争壁垒、公司核心竞争力、中长期发展预期与跟踪调整等。相关内容请参考阅读本书第二章“双因子增长模型：通用成长股逻辑框架”、第四章“聪明的成长股趋势跟随”。

三、普通投资者如何做

按照本章介绍的简单流程，普通投资者也能做到花十分钟不到即可初步判断一个公司是否值得继续跟踪和研究。虽然这种粗略的筛选完全可能漏掉一些潜在好公司，例如短期财务指标尚待提高或修复的上市公司、机构覆盖度还不够高的上市公司等，但是通常来讲满足初步筛选和排除条件的上市公司数目足够多，并且逻辑上来讲，如果投资者连满足初步筛选和排除条件的较容易的投资机会都难以把握，那就更难把握有明显缺陷的投资机会了。寻找黑马的难度和风险远高于白马，强健的白马一样是千里马，黑马要成为千里马也必须要先成为白马——就是说短期看起来不满足初选和排除条件的公司，可以等待其有确定好转的迹象再投资也不迟。

聪明投资者会选择鱼多和鱼大的地方钓鱼，即将资源集中于超级成长公司。通常情况，大多数超级成长公司都是业务和商业模式简单易懂的公司。只投资简单公司，就是将有限的投研资源利用效率最大化。

对于看起来各方面条件都还不错的优秀公司，投资者经常可能会遭遇目标公司估值水平的烦恼。关于估值方面的讨论，请参考阅读本书第六章“估值、市盈率与成长股”。

第四章

聪明的成长股趋势跟随

一、什么是基本面的趋势跟随

公司的成长来自市场容量和市场份额这两个因子。为简化公司成长前景研究逻辑，笔者设计引入双因子增长模型（相关内容请参考阅读本书第二章“双因子增长模型”）。双因子增长模型可以使成长性分析在一个清晰简洁的逻辑框架下进行，可以帮助投资者在研究具体公司时，不容易迷失在繁杂数据和无数细节的泥沼里，不容易一叶障目，而是咬定青山不放松，始终围绕公司可能增长多少倍这个终极问题。但是，双因子增长模型只能回答，目标公司理论上长期可能增长多少倍，而不能回答目标公司能不能实现这个潜在倍数问题。

那么如何进一步确定目标公司是否有很高概率实现预期成长呢？趋势跟随是行之有效的方法。

趋势，是事物发展的势头，是时间序列数据的变动方向。趋势跟随方法，就是通过观察目标公司长期（3～5年以上）、中期（1～3年）、短期（1年以内）的关键经营指标变动趋势，比较短期指标增长态势与预期的差距，并分析其内在原因和逻辑，从而不断验证、修正对公司的长期增长速度和空间的预期。

二、为什么基本面趋势跟随有用

任何公司从小到大的发展过程都不是一蹴而就，都必然要经历一个或曲折或顺利的过程。这个过程一般来讲至少是几年乃至几十年，中间过程往往充满了偶然性和随机性。长期过程是由很多中短期过程累积而实现，长期趋势也就由诸多中短期趋势累积形成。如果中短期趋势持续背离长期趋势，则长期趋势原本的方向可能发生改变。

基本面趋势跟随是对公司长期成长性的跟随，它追踪公司中短期经营情况，在充分考虑偶然因素及其影响的可持续性基础之上，利用中短期经营数据的趋势来修正长期远景判断，这本来就是传统基本面研究的最重要内容之一。

如果把买入持有成长型牛股的过程比作骑马捡拾金币，跑得远、跑得快、跑得稳的马就是好马。投资者骑上一匹马，是因为投资者相信它或者说预期它会跑得远稳快，但在实际情况中，有可能投资者事前没有做好功课，选中的这匹马有可能是老马或是病马，或本来确实也是一匹健壮的好马，但是旅途中发生意外原因，这时候马匹可能就会减速甚至走回头路，投资者可以通过马匹行进速度和稳健性等来判断所骑的马是不是好马，从而考虑是一直骑下去还是换马。

诺基亚股价自 2007 年 12 月自 2012 年 7 月下跌超过 90%，这期间整整四年多的时间，中间任何卖出都正确，投资者只需看一看最新的手机销量变动情况（长期跟踪了解其基本面的必定还会审视一下通信设备市场格局变动情况）、简单瞄一眼财报营业收入增长，思考下滑原因及该原因的持续性，该四年多时间以内任何乐观的长期预期都应当适时下调。相反同样时间段内苹果公司自 2007 年年底发布第一代 IPHONE 以后，大多数时间其手机销量和财报数据都处于比翼双飞的态势，借助双因子增长模型的思想，对苹果公司的长期成长前瞻很容易上调。可见基本面趋势跟随分析可以有效地辅助长期视角的成长前景分析预测。

三、如何趋势跟随成长股

1. 在基本面趋势右侧投资

基本面趋势右侧，即基本面数据趋势开始明确向上的阶段。当基本面数据趋势不明显或明显向下的阶段（左侧），可以跟踪研究，大胆假设小心求证，但投资决策保持谨慎观望为主；只在坚信长期增长前景、且基本面数据趋势开始明显向上的阶段，也即基本面的右侧阶段，才考虑是否买入和持有。

现实市场环境里，有很多种可能性促使普通投资者买入一只臆想中的成长股。例如，投资者觉得很了解和很信任这家公司的老板，可能觉得这家公司的产品做得优秀、或者产品性价比很好，这家公司研发投入大、研发力量强，这家公司营销做得很好，这家公司团队很优秀，这家公司战略得当，这家公司“赛道”好，等等，理由很多。这些理由，全部或部分的确是很多成长性公司的共同特点，很多特点也是寻找超级成长股的线索，但严格地说上述任一特点对公司是否能实现高成长都是既不充分也不必要的特点（后文称为“非充要特质”）。真实的商业世界充满了偶然性和随机性。仅以上面罗列的全部或部分非充要特质来作为大牛成长股的确定标准是危险的，很大可能把看起来漂亮但实际垂垂老矣的公司当成成长公司，也很大可能会错失看起来资质平平但实际上真正爆发力和可持续能力都很惊人的成长公司。例如贵州茅台刚上市的头几年，当时白酒行业龙头其实是五粮液，记得当时市场有一种流传甚广的不看好茅台的理由是酱香型白酒受众小，多年以后，当贵州茅台上涨数十倍以后，酱香型反而成了市场上一种看好它的理由！实际上，就算当年担心香型问题，由于茅台后来的经营数据持续向上、茅台酒的提价和供不应求状态长期持续，如果使用趋势跟随方法是很容易也有很多的机会来将贵州茅台纳入潜在成长股备选库。

因此，聪明的办法是不需要先入为主想象理想中的“标准牛股”是什么样子，然后以这个“标准牛股”的框架去寻找其他牛股；应当是反过来，先观察目标公司的经营数据，在经营数据持续向好的公司中寻找超级成长公司。对于以其他任何线索关注到的心仪的目标公司，也应该用其过去一段时期经营指标趋势来验证其成长性。就像买马，看一匹马是不是好马，通常会先把马牵出来遛遛，看看其跑得怎么样，了解其过往赛事表现如何，近期表现是不是持续向上。

投资者可以观察营业收入、净利润等关键指标变化趋势，以及结合行业景气度、行业竞争格局等行业背景情况来观察公司的成长趋势。进一步分析，应当将公司的增长拆分成行业容量增长还是市场份额增长。行业容量增长部分，渗透率的增长态势分析是重中之重。市场份额的变动情况尤为值得深入剖析，它是公司核心竞争力的最终体现。

前文列举的非充要特质，大部分相当于是表征公司核心竞争力的函数变量，最后输出为市场份额的变化。当然，公司核心竞争力的变化还将极大影响利润率、资产回报率的变化，从而进一步影响公司的长期成长倍数区间。

这种方法的缺点也很明显：基本上放弃企业成长初期的投资机会。但放弃成长初期的机会，也就避免了成长初期不确定的大风险；对于超级成长股来讲，通常目标涨幅几十倍上百倍，即使放弃掉成长初期一倍至几倍的涨幅，仍然能享受到后续更为确定充足的持续成长带来的价值增长。投资者不需要吃全鱼，只吃大部分鱼肚即可有足够收获。

当然对于深度了解标的公司就像了解自家情况一样的投资者来讲，可以更多地从产业和公司各方面经营迹象来判断公司是否进入成长期，成长是否可持续较长时间。这种情况下，领先全市场勇当先头部队，发掘黑马并骑成白马，理论上当然是可行的。但是绝大多数投资者并不具备成为黑马伯乐的条件，实际上大多数情况下也不需要成为黑马伯乐，白马骑手已经可以获得足够丰厚的回报，为什么一定要冒太大的风险去下注黑马呢？虽然笔者从业经历中无论在二级市场还是一级市场，都不乏发掘“黑马”的多起成功案例，但同时也免不了有发掘黑马结果遇上是坑的案例。与发掘黑马相比，骑上一匹年轻健壮确定可以远行的白马更为愉悦。

2. 深刻理解公司业务基础之上的趋势跟随研究

基本面趋势跟随，持续观察目标公司最新基本面数据的变化趋势，来证实或证伪其成长性，以及动态调整未来成长预期。通常，上市公司的定期财务报告、业绩预告，以及其他相关产业和公司的公开信息，都是用于基本面趋势跟随分析的第一手资料。当然，有条件的投资者还可以自行收集、调研更多的产业相关信息来做深度和及时的辅助分析。例如目标公司上下游的需求情况、竞争对手的情况、各类调研合理推知的公司经营情况等。投资者使用这些数据来对目标公司进行成长性判断。

这些判断必须建立在投资者深刻理解目标公司商业模式、核心竞争力和行业背景知识基础之上。趋势跟随研究，绝不只是看数据的短期变动趋势，而是要深刻探究数据变动背后的原因和逻辑。如果不充分结合行业背景、不深刻理解公司商业模式和核心竞争力的简单指标趋势分析，很可能会导致巨大失误。

但是大多数投资者时间、精力、知识背景等都有限，不可能成为专家。幸运的是，资本市场机会如此众多，并且长线超级大牛股往往出现在简单业务模式的公司。所以，普通投资者大可不必为了证券投资而去学习从未接触的大学专业课程，而可以只关注产品简单、商业模式简单的公司，只关注短时间就能看懂和理解的公司。当然，努力学习，拓宽眼界，就意味着关注范围可能更广、可能捕捉更多的潜在投资机会。相关内容请参考阅读本书第三章“只投十分钟就能看懂的公司”。

3. 偶然因素不同程度地影响公司成长

实际中经常会有偶然的因素使目标公司短期经营数据出现波动。对短期数据波动的分析首先应当考虑是偶然因素（非经常因素）还是经常性因素。大多数情况下偶然因素为短期因素，其造成的短期经营数据波动不应该影响长期判断。例如 2020 年新冠肺炎疫情下口罩等相关医疗用品需求大幅增加，不少本不生产口罩的企业新投产口罩生产线，对 2020 年的营收和利润等指标有显著提升，但是这样的提升，基本上不涉及目标公司原本主营业务的成长逻辑，因此不应当改变投资者对目标公司的长期成长预期，除非投资者真的认为口罩在未来长期会成为目标公司极有成长空间的重磅新业务。

也有很多时候，不可预知的短期偶然因素可能使得一些公司长远的很大的获益，从而改变公司的成长前景。例如新冠肺炎疫情可能使一些遭受打击的行业内的中小微企业市场份额永久性缩小甚至退出行业，加速甚至改写行业格局的演变。常见的新技术研发成功、新产品热销、新商业模式推行、重点大客户获取、主要竞争对手意外原因受挫、新的产业政策，等等，这些偶然因素、偶然事件，有可能使得目标公司获得很大的长远利益，从而推动公司成长预期发生较大变化。因此基本面趋势跟随分析方法，应当要区分偶然因素是短期影响还是中长期影响。

普遍意义上讲，众多微观企业的无数偶然决策和偶然事件推动了行业格局的演变，行业内优秀企业的胜出和成长壮大，某种意义上讲是无数偶然事件的结果，整体上表现出很大的随机性。投资者乃至行业内成功企业的创始人股东，往往事前都难以真正预见到未来多年以后的行业格局和企业成长前景。企业决策人经营决策的依据是企业自身经营数据趋势与企业自身资源禀赋和行业发展趋势的结合。投资者当然亦应当通过企业经营数据的变化趋势动态评估目标公司的成长。

4.“不明原因”的超预期和低于预期

实际情况中经常发生不太清楚具体原因的超预期和低于预期的情况。

对于目标公司经营数据变动趋势低于预期的情况，如果分析结果是长期因素，当然应该及时下调对其的长期成长预期。由于普遍意义上投资者往往预测能力有限，实际情况中，最常见的情况是，投资者并无法确认到底什么原因导致低于预期，以及低于预期的情况未来还会不会继续。这种情况下，其实可以考虑谨慎为上、观望为上；对于组合已经持有的这种情况的个股，可以谨慎到减持出局或至少部分减持。如果事后发现减错了，投资者研究更清楚了，或后面公司经营数据又变好了，再重新买回持有也不迟。投资者本就应当投资于深度理解的公司、业务健壮的公司，以尽量避免日常噪声信息的干扰。另外，超级大牛股不在乎你中途是否下过车，下车再重新上车并不会错失大部分风景。相关内容请参考阅读本书第五章“长期持有的梗”。

对于目标公司经营数据变动趋势高于预期的情况，如果分析结果是长期因素，当然应当乐观保持原成长预期甚至上调预期。实际情况中，常发生投资者错过经营数据持续超预期的超级大牛股，原因在于基本面数据的持续超预期往往伴随股价的持续强势上涨，很多普通投资者往往因为恐高而忽略了对公司基本面的追踪分析和调整未来成长预期。对于投资者一开始不太认同或看不太清楚而犹豫不决但又觉得有持续跟踪价值的公司，通常一两期财报的经营数据高于预期确实说明不了什么，但是如果目标公司持续、长时间高于预期，极大的概率，可能是投资者一开始对公司的了解不够深或者不够正确、对该公司的优秀之处，此前没有深刻理解，或者没有真正注意到（多半可能是对前文提到的非充要特质分析有所失误或是没有抓住最重要的特质）。这时候，投资者不妨先假设“市场是对的”，然后重新收集资料、重新分析，深度剖析产业环境和公司核心竞争力，调整双因子模型的参数，仔细检视过往分析的数据和逻辑是否正确和完善，修正未来的增长率预期。一旦理性调整预期以后，在长期增长前景乐观和认为当前估值远未反映长期高倍数成长预期的情况下，正确做法是及时买票上车。

现实投资场景中，大多数情况下超级大牛股的成长逻辑其实是曾经得到过很多投资者的认同，但是大多数普通投资者因为没有买在低位，就眼睁睁看着超级大牛股绝尘而去。实际上，投资者首先可以借用双因子模型的思维方式，粗略计算感知成长股的长期成长空间；当发现有超级大牛股潜质的目标公司股价持续上涨时，如果成长逻辑认可、动态经营数据趋势符合预期或超预期，应当理解成股价上涨是对基本面趋势的确认，这种情况下不应该恐高而应当及时上车。对于预期十数倍或数十倍以上的大牛股，先涨了几十个百分点甚至一两倍本质上没有什么大不了，真正回报率的大头还在后面。投资人大可不必因错过鱼头而放弃鱼肚。

总之，在深入跟踪研究最新基本面变动趋势、理性调整未来中长期增长预期的情况下，理智的投资决策应当是勇于追涨、敢于杀跌。

5. 趋势交易系统辅助配合基本面趋势追随

证券市场上，趋势交易系统亦是广为人知。趋势交易系统，设计使用一些技术指标，常见的如移动均线、价格波动通道等，来提供目标证券的买卖信号。系统化、程序化的股价趋势交易策略完全不考虑基本面，这种交易方式争议很大。

真实的股票市场，股价的变动往往会领先于报表数据显示的基本面的变动，那是因为很多投资者专业勤奋，就像了解自家情况一样了解目标公司以及目标公司的行业背景。实际股票价格的运行，真实股价往往先于财务报表数据产生的方向性趋势运动，且大部分情况下会放大基本面的波动。

基于这个机理，笔者觉得基本面派投资者亦可以考虑引入股价趋势策略思想，辅助进行投资决策。在股价产生明显的趋势方向性移动之时，股价趋势系统的信号至少可以作为警示信号，提示投资者应当重点关注和深入研究了。当目标股票持续走强、特别是领先大盘和同业走强时，投资者可能需要再次重点评估基本面是否明显变化，长期增长前景是否发生改变；当目标股票持续下跌、特别是比大盘和同行业股票下跌还快时，则投资者应当重点评估是否基本面转弱、原本预期的长期增长逻辑是否发生变化。无法评估怎么办？谨慎的做法还是放弃为上。如果骑手都不能确定自己骑的马是好马还是病马了，当然应当换一匹马再上路。

有条件的投资者可以设计股价趋势指标，至少可以作为警示信号。有数量化能力的投资者还可以考虑，聚焦于在自己研究认可的超级大牛股上进行系统化的持有和中低频趋势交易。

实际上，对于以价量信号为入场出场信号的趋势交易系统，相对交易系统细节本身，交易标的是否有足够好的趋势更为重要。也就是说，交易标的选择比交易系统细节设计更重要；选对好公司好股票，比买卖细节更重要。当然，这里的买卖细节，是指系统化的趋势交易系统的细节，并非指随心所欲的短线频繁交易。对于大多数普通人来讲，如果选中了超级成长股、深度了解不易受噪声信息和股价波动干扰，简单持有当然切实可行。实际上对于超级大牛股，一路坚定持有不做任何交易完全可能收益率更高；但趋势交易系统的引入通常也可以改善回撤率和收益风险比。

在现实世界，大牛股也会有大波动，能一路持有大牛股的股神实在是寥若晨星。如果尝试引入程序化的趋势交易系统，或者引入趋势交易的思考方法，也许可以帮助投资者克服常见的“看对做错”，例如不敢追高上车超级成长股，或者卖飞了不敢买回来。

更何况，投资者真选中超级大牛股的概率普遍意义上并不是那么高，事前以为是大牛股，事后可能发现是垃圾股。这种情况，如果使用系统化的趋势交易系统，警示股价下行风险，提示投资者重新评估基本面，也具有非常现实的积极意义。

6. 趋势跟随视角下的追高与抄底

（1）关于追高。

有一句流传甚广的股谚：追高毁一生。真的是这样吗？其实是谬论。对于超级成长公司，股价往往没有最高，只有更高。

来看一看微软公司这只人尽皆知的大牛股。截至2021年7月21日，它再次创出历史新高，上市以来累计上涨了4610倍。过去十几年，它的股价一直在震荡中持续创出历史新高。如果投资者在过去十来年甚至更长的历史区间，每次追高买入微软公司的股票，就算中间有震荡有回调，最后还是会取得很好的正收益。可以说，对于长期走牛的超级大牛股，事后看，任何时候追高都不算犯错。

可见，正确的追高不仅不会毁一生，而很可能有机会富一生、富三代。

趋势跟随思路不排斥追高，相反可以说，某种意义上趋势跟随就是“追涨杀跌”。只不过，追涨需要有正确的追涨姿势。什么才是正确追涨姿势呢？最关键首先有两点：一是选中正确的公司，即选中超级成长公司，二是目标公司股票当前的估值水平远未反映未来长期的增长空间。基于这第二点，从微软公司股票来看，2021 年 7 月 21 日它的股价再次创出历史新高之时，对应的 TTM 市盈率是 35.2 倍，也不是很高，这就说明，它过去这么多年的股价上涨大部分是由盈利增长推动，过去多年以前，微软公司的股票估值没有反映它后来的盈利增长空间。可以说，正确的公司、正确的有吸引力的估值，满足这两点标准的超级成长公司，多半股价没有最高、只有更高。

当然，追高免不了会有在山顶站岗的风险。首先，首要风险是选错了公司，即投资者预期的成长性最后未能实现，好公司变成了差公司；其次，超级成长公司基本面也可能受产业环境、自身经营问题等不确定而波动，股价本身也可能会有大幅波动，即使是微软公司本身，也在 2000 年前后遭遇互联网泡沫，股价在 2000 年前后一年的时间下跌达到 62.38% 的惊人幅度。

因此，正确的追高姿势，还必须包括意外波动应对准备。也就是说，要追高，必须提前准备追高可能面临公司长期基本面的不确定性、公司股价的高波动性。常见的预防性的准备措施至少应当包括：基本面的及时追踪评估机制、对未来成长不确定性的估值折价、头寸控制、预设止损方案等。其实，无论是不是追高，大多数情况下，证券投资都少不了这些风险应对措施。

（2）关于抄底。

趋势跟随的思路不赞成抄底。因为趋势跟随要求在右侧交易，即在基本面右侧、在股价右侧交易。特别是，公司基本面具有不确定性，曾经的好公司有可能会变为差公司，而投资者的认知能力又有限，因此，当好公司股价趋势性下跌时，趋势跟随的思路是要等其基本面明确见底反转、股价明确见底反转，再考虑买入、持有，这仍然是交易在右侧的思路。如果抄底不幸抄到差公司则代价会非常惨重，因为差公司股价根本就没有底。

为什么A股有不少投资者总有抄底的情结？那是因为过去很多年抄底曾经有效过。笔者曾经设计过一个数量化的抄底策略，基于一个简单的反转策略，也就是简单选择一段时间内下跌比较多的一组股票买入，持有一段时间以后再按同样逻辑更新组合。下图是这个简单抄底策略过去的业绩表现。很容易看出，在过去很长时间，抄底策略都比较有效，然而从2016年开始至今（2021年7月），该策略的整体表现一直都很不好。

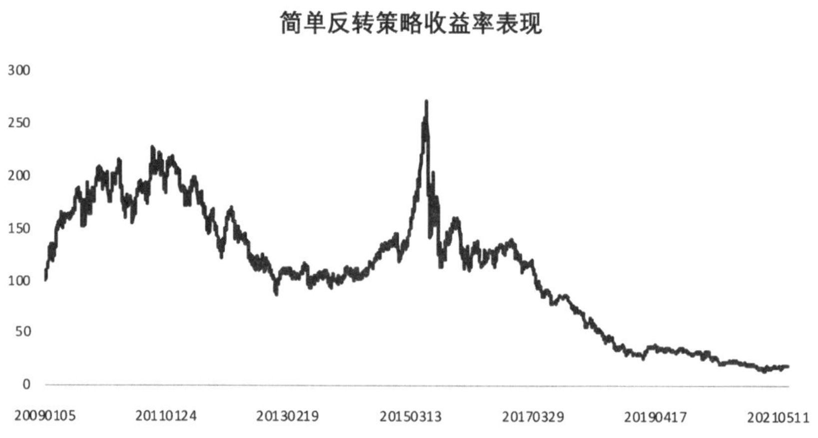

当然，在上述简单反转因子之外，加入其他条件限制，可以显著改善策略表现，例如只在绩优股里抄底，那么策略长期业绩会提升不少。不过我们这里只重点讨论抄底策略、反转因子本身。实际上，在A股的量化多因子模型里，反转因子，也即抄底因子，是很多年来持续表现最好的因子之一。很多老股民对抄底的经验在过去很多年都是有相当依据的。然而自从2016年年中至今，过度喜欢抄底而忽视基本面中长期趋势变化的投资者可能就相对压力比较大。

深层原因还是因为A股的制度性变化和规模结构性变化导致。过去A股上市公司数量有限、每年新发股票有限，每一家上市公司都具有价值不菲的“壳价值”，当上市公司业绩变差时，通过资产重组、增发并购等方式，有很大机会将上市公司的内在价值大幅提升。但近几年，随着上市公司数目越来越多，注册制快速推进，A股壳资源也快速消退。没有了壳价值，绩差公司的股价就自然没有底了。实际上，最近几年，A股已经陆续出现了一些绩差上市公司退市，退市时总市值跌到几近清零的程度。相信这样的情况在未来还会越来越多。

因此，投资者未来在股票市场上存活的方式只能是与好公司为伍，而毫不犹豫地抛弃经营前景不妙的差公司。对于差公司股票，非但不能抄底，对于已经持有的差公司，确定远期前景黯淡的情况下，还应尽可能早地卖出止损。如果有空头工具，甚至可以考虑做空。

在趋势跟随思路下，应尽量保持交易在右侧。至于如何定义右侧，如何应对本以为是右侧、实际是左侧的情况等，则成为趋势风格投资人知道如何操作的关键之一、也是关键差异化能力之一。

四、长期视角与基本面趋势协同跟随

长期视角与基本面趋势跟随并不必然矛盾。

投资标的选择当然首先需要长期视角，具有远见卓识的长期视角才能帮助我们将资源集中到超级大牛股，而不是浪费于平庸股票。双因子增长模型其实也是一个帮助长期视角思考的模型，它帮助定量化回答目标公司的长期增长空间可能会有多大。

基本面趋势跟随的分析方法，需要投资者在全方位深刻理解目标公司基本面情况的基础上，分析目标公司中短期经营数据变动及其背后的原因以及该原因的可持续性，从而考虑是否因此调整长期预期，也即调整原有长期视角的增长倍数、增长速度、增长态势等预期。可以说，基本面趋势跟随分析是为辅助长期视角的长期成长前景分析服务，是一种辅助分析方法。实际市场中本就有大量的投资者/研究员也可能是大部分从事基本面导向的投资者/研究员在自觉或不自觉地使用基本面趋势跟随方法。但这种方法并不能替代对目标公司的行业背景分析、竞争壁垒分析、核心竞争力分析等深度研究内容。

公司的长期成长的根本逻辑很多时候并不会因为中短期的经营业绩波动而有改变，因此如果投资者对目标公司的理解足够深刻，基本面趋势跟随研究并不会仅仅因为公司短期经营数据的变化而改变投资者对目标公司的长期预期。如果投资者过于看重中短期的基本面变化情况，而忽视了基于长期视角的目标公司成长逻辑和成长前景的分析，则就本末倒置了。经常发生这样的情况，很多投资者本来很认可目标公司的长期成长逻辑并给予了很高的成长前景预期，但往往因为担心短期财报的业绩波动而错失良机；也有很多投资者太看重短期财报的高速增长，却忽视了长期视角下成长空间是否足够大的分析。这是很常见的长期视角与短期趋势数据的本末倒置。真实市场环境里，充满了各类突发正负面信息、情绪性评论、偏见甚至谣言，在信息高速流动的当下，群体情绪往往更容易有较大波动，使得市场对上市公司短期数据反应往往过于敏感。面对目标公司经营数据短期偶然波动和市场噪声干扰，投资者更需要优先保持长期视角。近年来，A股市场机构投资者比重持续增多，对长期视角下目标公司成长前景及其确定性的重视高于对短期经营数据偶然波动的关注，应当说整体上显示了聪明钱的理性选择。

第五章

长期持有的梗

一、股市经典片断的启示

记得2007年的股市牛气冲天，当年内投资者在任何时候卖出股票都会迅速被证明错误，持有股票的股民是如此幸福，一首套用流行歌曲《死了都要爱》的股民之歌《死了都不卖》在网上迅速走红，成为当年中国流行文化的耀眼片断。

后来发生的事不少投资者朋友都历历在目：次年开始全球金融海啸，大多数牛市后期入市的股民损失惨重，不少股票下跌达到和超过九成，直到8年后的2015年新一轮牛市顶部，大部分股票才有机会重新摸到2007年上证指数6124点高位时的股价（但彼时仍有接近15%的股票未能回到2007年高位）。2015年牛市时好像“死了都不卖”又小范围流行过，但是2015年中熊市再度来临，大多数股票又开始新一轮下跌，此后大多数股票至今再也没有回到过2007年和2015年高点的位置。至2020年11月底，仍有757只股票未能回到2007年的高点，占比2007年高点之前上市的公司股票总数的52.5%。

过去十三年的这两轮牛熊大转换，股票的巨幅波动令人印象深刻。对大多数普通投资者而言，要不要长期持有股票或股票型基金，很多时候可能是一个沉重的话题。因为从历史经验来看，大多数普通投资者会在牛市高峰入市，或者往往在个股泡沫期买入，然后长期持有、长期亏损。

长期持有并亏损的体验的确不是很好受。曾有亏损很长时间的网友发问：多长时间算长，一辈子算不算长？先来看 10 ～ 30 年是什么情况吧。假定投资者从 2007 年 11 月中国石油上市至今（截至 2020 年 11 月末，下同）持有其共 13 年，时间够长，累计亏损约 86%；但是，如果同期投资者持有的是贵州茅台，那么盈利是 13 倍；东方雨虹 2008 年 9 月上市，彼时正接近 2008 年金融海啸的低点，如果投资者从上市首日收盘价买入持有至今，盈利约 56 倍！所以不同的股票长期持有的结局大不相同。如果持有的不是个股，而是指数基金会怎样？以最有代表性的沪深 300 全收益指数基金来看，自 2007 年牛市高点 10 月至 2020 年 11 月底持有整整 13 年多，累计收益率 8.23%，年化收益率仅 0.6%。再看看国际市场：日经 225 指数在 1989 年 12 月 29 日达到 38957 的高位，而最新点位只有 23000 余点，就是说过去 30 年下来日经指数累计下跌了约 41%；而同期标普 500 指数上涨约 8.88 倍、纳斯达克指数上涨约 24.66 倍。可见，在相同时间段长期持有不同的投资标的，结果可能千差万别。从不同的起始时刻开始持有同一投资标的，回报率也可能会有很大差异。不过如果从长周期来看，例如十几二十年以上的时间纬度，持有品种不同导致的回报率差异应当显著大于起始时间不同导致的差异。

二、长期持有是否适合普通投资者

在应不应该长期持有这件事上，必须看到，投资者真金白银来参与市场，为的是赚钱，而不是为践行什么好听却未必科学严谨的理论。不管长期持有还是短期持有，持有不是目的，在控制风险前提下的赚钱才是目的。当然，宏观来说，机构投资者帮助客户实现了资产配置、所有投资者的参与促进了上市公司股票合理定价和引导资金流向最有效率的经济体、提升了市场流动性。证券市场本身是公开市场，投资理论或方法本身并没有高低优劣的区别。能长期赚钱和有效控制风险的理论和方法，才是好的。

但是对大多数投资者而言，除了比较长期地持有正确的标的，并没有其他能更好地提高长期收益率的方法。多年来长期投资理念早已是中外证券市场的主流投资理念。《彼得·林奇的成功投资》写道："由于长期投资在现今是如此的盛行，以至于人们宁愿承认自己是一个瘾君子也不愿承认自己是一个短线投资者。"真正的问题只在于，如何正确地理解和应用这个理念。

从持有沪深300指数基金的例子来看，从2007年高点至2020年11月持有13年多，亏损-14.79%，长期持有并未带来正回报。但实际上，如果投资者中途频繁申购赎回（或者频繁交易沪深300ETF），大概率会比长期持有的结果更差。通常只有两种情况下会有更好的结果：一是运气非常好，二是有比较科学系统的方法和清醒的头脑及决断力。例如判断指数在2007年和2015年估值泡沫严重于是退出，而在后面熊市期间又买回——有多少投资者能有如此清醒的判断和坚决的执行力呢？对大多数普通投资者来讲，不在两轮牛市高位加仓、加杠杆也许就已经算超出常人水平的清醒了。至于运气，显然，在决定自己的投资应该采用什么风格这方面，运气不应当列为考量因素。

回到贵州茅台的例子，同期13年持有不动可以获得13倍的累计回报，如果投资者在这期间坚持交易贵州茅台，通常以下三种可能性最大：情况一，投资者非常专业非常冷静非常理性，于2007年估值太高股价开启下跌趋势时卖出，2008年年底前后又抄底买入，2012年前后塑化剂危机、三公消费从严时躲避不确定性卖出，后面经营数据逐步恢复时又买回持有至今，这样的交易堪称完美，也许累计回报能提高到30倍甚至更高，远高于长期持股；情况二，像相当多投资者一样，交易了很多次，但是交易是负贡献，最后证明是低卖高买居多，累计收益率低于长期持有的13倍，但可能也有三五倍；情况三，应该是最普遍的情况，投资者一开始持有茅台，后来因为股价下跌或其他什么原因卖出，再后来发现涨回来了，超过了自己以前卖出的位置，心理难以接受追高（也可能伴随基本面研究信心不足），就再也没有买回来，眼睁睁看着牛股绝尘而去，甚至因为错过而心理难以接受，影响理性思考，甚至情绪化地与股票基本面对着干。

三、正确的时间、正确的标的、正确地持有和交易

上面列举的常见情况，实际上显示了这样几个道理：长期持有的前提，应当是针对正确的标的、在正确的时间持有；正确的标的，如果有科学和系统化的辅助交易，有机会创造比长期简单持有更高的收益率；在正确的标的上做交易，哪怕事后看是错误的交易，的确会贡献负收益率，使得实际收益率低于长期持有，但仍然可能会取得令人满意的长期收益率。

当然，市场上也不乏使用专门交易策略的机构通过短线频繁交易获利，但是这类机构的交易策略建立在统计和计算机技术基础之上，与普通投资者相对随意的短线交易有根本区别。

那么，什么是正确的标的、正确的时间？正确的标的，通常有两类，一是显著低估，也即通常意义上的价值股（关于价值投资、价值股，从来没有非常严格的定义，这里提到的价值股，大意是指估值较低、预期增长比较缓慢的上市公司股票）；二是未来成长空间非常大的上

市公司股票，即通常意义上的成长股。正确的时间是指，在标的股票估值显著低估至少没有显著高估很多的情况下持有。大多数实际情况下，市场并不在极端状态，标的股票估值大多数情况下也在非极端状态，所以大多数情况下，长期持有是可行的。只在目标股票极度高估时，投资者需要思考，是要继续持有，还是部分或全部减持。关于估值的进一步讨论请参考阅读本书第六章“估值、市盈率与成长股”。

当然，股价进入泡沫区，泡沫未必马上破裂，很多情况下泡沫可能膨胀很久、很大，泡沫膨胀后半段，也往往是收益最丰盛的一段。这时候，可以与泡沫共舞，舞曲未了之前不用提前出局，但必须保持清醒，知道自己是在与泡沫共舞；当舞曲终时，哪怕获利回吐，也应该及时止盈出局。如何判断舞曲终了？引入系统化的趋势交易系统，或者至少是思想，是帮助在泡沫破灭时及时退出的有效方法之一。

现实情况里，找到“正确的标的”并不是那么容易。截至2020年11月底的过去十年，收益率大于0的股票为887只，占比45%，不足一半；过去十年年化收益率超过10%的股票只有256只，占比13%，过去十年年化收益率超过20%的股票仅有74只，占比3.8%。

2017年以后A股基于上市公司基本面的分化成为股市主旋律，随着全面注册制的试点和全面推进，“壳价值”逐渐消逝，A股持续处于历史性结构大分化过程中，大多数A股股票长期来看将表现平淡或持续下跌，类似2007年、2015年那样鸡犬升天的机会越来越渺茫。如果不加思考持有基本面平庸、发展前景黯淡的上市公司股票，长期持有的结局多半是长期血亏。唯有少部分基本面优良的公司将持续牛市新高之旅，少数公司将贡献未来指数的长期全部涨幅。信奉长期持有的基本面投资者，就是要找到和持有这少部分基本面优良的股票。

考虑现实世界普遍意义上企业发展的偶然性，以及人力预测的局限性，实际上“绝对正确的标的”对大部分投资者、大部分时间段是不存在的。很多情况下，公司基本面有可能发生了低于预期的恶化且恶化的原因可能会持续，从而改变投资者原有的预期；或者公司基本面发生的变化使投资者无法确定对原有的公司长远前景的预期是否发生改变，这种情况下当然应当卖出为上，而不必死守僵化长期持有的理念。对于真正的超级成长股，其实就算是卖错了，也还是可以再买回来。错过一条大鱼的一部分，不影响继续享用余下的大部分鱼肉。

再有一种常见情况，投资者自身视野拓展和认知能力不断进化，也许可能关注到更多更好的公司，也即发现了更好的投资机会。这种情况下投资者难道还需要坚守原有组合的长期持有原则吗？例如一名投资者在2008年只关注到招商银行，后来视野拓展，关注到了格力电器、东方雨虹，深入研究后认为后二者的增长更快前景更大，投资者当然应该考虑将持有前者的全部或部分头寸换至后两者。骑手发现其他更健壮的马匹可以和应该换马，投资者发现有更好的投资标的可以和应该换股。

四、困境反转和强周期类股票的波动应对

现实市场环境里，股价的中短线波动往往非常大，经常发生股价短短几个月内下跌一半、短短几个月内上涨几倍、一年左右上涨十余倍甚至更多的情况。不考虑股价被操纵的情况，短期股价如此巨幅的上涨，除了市场热点此起彼落常态原因以外，公司基本面常见原因还有困境公司基本面出现反转、强周期类公司出现基本面景气大幅提升，以及这两者的结合，即强周期类公司的困境反转。特别是在化工、有色这类强周期公司，产品价格剧烈反弹、反转，带来公司短期盈利巨幅增长，二级市场情绪高涨，盈利与估值双升（“戴维斯双击”），股价短期内暴涨若干倍，而公司还是那个公司，长期成长空间和速度往往并没有翻天覆地的变化，产业长期基本面情况往往没有改变周期本质，这种情况下，选择合适时机获利出场当然比简单长期持有明智。对公司长期投资价值的评估应当更多着眼于周期波动视角下未来长期预期盈利和现金流的分析预测，而不应将短期盈利水平简单外推和常态化。

对困境反转公司、强周期类公司，采用系统化的趋势跟随方法，包括基本面趋势跟随和股票价格趋势交易系统以及二者的结合，应当是行之有效的应对方法。相关内容请参考阅读本书第四章“聪明的成长股趋势跟随”。

五、关于成长股的长期持有和趋势跟随

强周期股票该长期持有还是在短期大涨后适时获利退出，业界其实争议不大。而对于基本面推动的超级成长股，即那种可以累计上涨几十倍甚至更高，上涨趋势可以持续很多年的超级成长股，是不是只能长期持有，答案并非唯一。特别是，超级成长股的股价往往也会脉冲式波动，经常出现的情况是，长期看好往往长期不涨，不经意间目标公司迎合了市场热点，几个月时间股价脉冲式巨幅上涨，把该涨未涨的几年时间一次性全涨回来，甚至再透支今后几年的涨幅。

对那些并非周期性的长期成长空间巨大的超级大牛股，在投资者深刻了解、坚定信心、资金投资期限为长期投资目标导向的前提下，忽略股价的短期、中期的脉冲式波动，坚定持有，仍然不失为最好的投资方式。即便有的成长型公司也可能经历短期业绩和股价的大幅双升，往往一两年内股价的上涨幅度远大于业绩的上涨幅度（往往这种情况出现在盈利增速拐点向上的成长型公司），如果投资者判断公司

长期成长潜力依然巨大，这种情况下长期持有仍然是最佳方案之一，且长期持有往往是最切实可行的方法，也往往是收益率最高的方法。

当然，一路长期持有，投资者必然要面临企业经营过程中的波折，以及非基本面因素带来的股价波动性。几乎任何成长股都会经历不止一次的股价巨幅波动，现实情况中，很少有投资者能真正做到对一只股票持有几年乃至十数年。要做到这么长期间的持有，投资者必然需要对目标公司理解深刻、对其远期成长前景信心充足，并具有坚定的意志——比坚定的意志更容易实现的是，干脆远离市场，不看行情，但基本面的持续跟踪评估仍然不可或缺。

除了长期持有，趋势跟随也是另外一种可以选择的方法，包括基本面趋势跟随和股票价格趋势交易系统辅助使用以及二者的结合。关于成长股的趋势跟随请参考阅读本书第四章“聪明的成长股趋势跟随”。

六、公司成长的曲折性和投资者的认知变化

现实世界总是纷繁复杂千变万化。一个公司的成长过程多半不会一帆风顺，苹果公司和特斯拉公司也都曾差点破产。大部分产业环境通常也充满了不可预知性，新技术、新政策、新竞争者可能冲击甚至颠覆了投资者原本预期的产业格局。投资者自身的认知能力亦有限，完全可能会选错公司，事前以为是成长股，事后发现资质平庸甚至是垃圾股。投资者认知也可能曲折变迁，有时投资者看不清楚目标公司的未来，过一段时间投资者收集到的数据资料增多、眼界拓宽和思考加深，对公司的前景又有了不一样的认识，等等，这些情况，投资者都有充足的原因和理由来对目标公司持仓进行交易调整。

七、企业生命周期与投资周期

从更长的视角来看，企业发展和存续都有生命周期。大部分情况，成长公司只在高成长期和成熟初期能够提供高回报，此后公司盈利进入缓慢增长甚至负增长阶段，股价则表现平平，若遇上产业大变迁或行业地位大变迁，股价还将从高位跌落。历史上曾经的超级成长大牛股，最好的结局都是成为蓝筹价值股，后面甚至转为过气垃圾股，基本无一例外。这一点从历史最为悠久的道琼斯工业指数的成份股变迁就可以看出来。1896 年道指初次发布之时，全球企业界百年传奇的通用电气公司（GE）入选其中，而 100 多年以后的 2018 年，通用电气作为最后一只创始成份股被剔除出道琼斯工业指数，此前基本面和股价均早已丧失成长；道琼斯工业指数成份股在发布之初成份股大部分是炼油、钢铁、煤矿、橡胶等当年如日中天的明星企业，此后 100 多年，经历多次调整，成分股早已全部更换成如今的信息技术、医疗保健、消费、金融等行业为主的龙头企业。曾经的明星超级成长股，无论当年多么辉煌，最终还是难以逃脱平庸老化的宿命。

八、短线频繁交易

长期持有的反面极端是短线频繁交易。大多数普通投资者如此偏爱短线频繁交易，使得中国股市换手率高居全球第一。股民对短线频繁交易的偏好，有很多原因，其中以下两种情况可能最为常见：一是对持有的公司长期不了解或长期信心不足；二是希望通过多次短线交易，无论换股还是不换股，不指望每次交易贡献的收益率特别高，但希望将多次交易的收益率累积而成中长期的高额收益，本质上是希望通过低赔率、高胜率、高盈亏比、多次交易次数来获利。

上述情况一是个基本面研究问题，如果不能深入理解目标公司、对其未来没有长期信心，而又非要对其投资，股价一波动，当然免不了就会交易，这可以说是一种被动的选择。解决的方案只能是加大基本面研究力度，不投资不懂或不深入了解的公司。

上述情况二则蕴含着一些认知偏差。普通投资者往往过高估计了自己的短线交易能力，对自己短线交易的胜率、赔率、盈亏比过于乐观，实际多次频繁交易的结果，累积下的不是收益而是亏损。频繁交易实际上是普通投资者“九赔一赚”的主要原因之一。

这里不是说短线交易一定不会取得好的投资收益率。事实上，创造证券史上收益率奇迹的大奖章基金，其创始人西蒙斯自述其主要投资方式是“壁虎式投资法”：像壁虎一样平时一动不动，当蚊子出现时，迅速将其吃掉，然后恢复平静，等待下一次机会的来临。这显然是短线交易策略。大奖章基金自 1988 年至 2020 年取得了 32 年复合年化收益率费前约 66%（费后约 39%，其固定管理费 5%、业绩报酬 36%）的神话般的业绩。但是，大奖章基金的交易品种多种多样，交易策略系统化、程序化，百分之百依靠电脑模型做交易，并非一般意义上随意的短线交易。西蒙斯本人是一名顶级数学家，其数百位团队成员主要来自理论物理、天文、生物、数学等各个领域的一流科学家，显然与普通个人投资者不在同一个量级。

对大多数普通投资者而言，如果缺乏系统化的交易思想、不能形成逻辑完整的系统化交易方法，短线频繁交易大概率只会带来持续的亏损。

九、长期持有的长期是多久

长期持有的长期是多久？显然不需要“一辈子”那么长。该持有多长时间，根本上取决于目标公司的成长期有多长，以及受投资者个人认知、备选标的、个人流动性需求情况等多方面影响；当然，估值水平也是需要纳入考虑的一个不容忽视和极为重要的因素。关于估值水平的考虑请参考阅读本书第六章“估值、市盈率与成长股”。

极度推崇长期投资的巴菲特曾经讲过：“如果不想持有公司 10 年，就不要持有 10 分钟”。有人统计巴菲特从 20 世纪 60 年代开始至 2008 年，一共投资了 200 多家公司股票，持有超过 3 年的，只有 22 只。

针对颇具误导性的简单僵化的长期投资，证券圈经常引用一句凯恩斯的名言：“从长期看，我们都会死去。”这句话来自凯恩斯《货币改革论》，完整表述是：“讲长期是对当前事务的误导。从长期看，我们都会死去。如果在暴风雨季，经济学家告诉人们，暴风雨会过去，海洋将恢复平静，他们给自己定的任务也太容易、太没用了。”也即是说，即便能大致推测长期前景方向，也并不意味着当前就该无所作为。正如我们终将老去，当罹患疾病时我们难道不应该积极治疗延长寿命吗？平时难道不应该多强身健体追求幸福吗？长期持有具有远大成长前景的上市公司股票原则上当然正确；投资组合中的上市公司也面临各种变化和不确定性，也终将老去，投资者自身的信息获取、视野拓展和研究能力、市场可投资机会也处于不断变化之中，理性投资者当然应当与时俱进，根据变化的情况动态调整组合。

第六章

估值、市盈率与成长股

一、低市盈率锚定效应的巨大代价

笔者曾经在 2005 年至 2006 年熊末牛初之时，以 20 倍左右预测盈利计算的动态市盈率重仓买入该阶段净利润增长速度约 100% 的苏宁电器；同样在该阶段，以不到 4 倍的当期预测市盈率在有色金属大牛市初期重仓买入中金岭南，这两笔交易均在后来获得丰厚回报。但是，这两笔成功交易，无意中形成影响了笔者长达数年的“锚定效应”：总想等待以极低的当期市盈率，买入高增长速度或高成长空间的股票。这个锚定效应影响之深，使得笔者后来连连错过恒瑞医药、长春高新等不少大牛股，尽管笔者并没有太晚对这批牛股的成长空间比较看好。眼睁睁看着自己心仪的牛股持续上涨，一直未等到低市盈率买入的机会，踏空牛股的感觉大多数时候比套牢要难受。

要想杜绝或减少类似的错误，须破除心底之锚。破除的方法，除了正视人人皆具的锚定效应的人性特点以外，还必须看清楚具体的锚到底是什么问题，从而找出应对之策。在这里，显然这只锚就是低市盈率偏好，过分看中低市盈率买入价对投资收益率的影响。

关于锚定效应不是本书讨论主题，这里只是聊一聊估值、市盈率与成长股。通常证券市场使用的估值方法包括现金流折现法、市盈率法、市净率法、市销率法等。其中，自由现金流折现法是最符合证券内在价值的经济学意义上的估值方法，但因为计算繁琐、参数取值随意性大（同样参数取值对公司未来经营现金流预期最关键）等原因，实际环境里使用范围非常有限。市净率、市销率等指标因其有效性更难以把握，实际使用也不多。证券市场最为广泛使用的方法其实是市盈率法。

关于证券投资估值方法的讨论，也许需要单独写一本专著。本书只尝试从贴近实际的角度讨论市盈率与成长股，谈谈笔者投研实践中总结的一些实用性观点。

二、市盈率计算的几个基本常识要点

市盈率的定义很简单，市盈率（PE）= 总市值 / 净利润 = 股价 / 每股收益。

在具体计算市盈率的时候，股价或总市值是确定的，每股收益或净利润则有一个计算口径的问题，通常使用的口径包括：静态市盈率，净利润取上一个会计年度的净利润；TTM 市盈率，净利润取过去滚动 12 个月的财报净利润；动态市盈率，通常意义上取机构一致预期（多家机构预测当年年度净利润的某种平均值），如果是投资者个人做的业绩预测，可以称为“个性化的动态市盈率”。这些口径的市盈率，净利润取值都介于过去一年至未来一年内某个完整年度的区间，可以笼统称为“当期短期市盈率”。

通常各方市场人士在讨论市盈率和使用市盈率指标的时候，并未特指上述口径的任何一种市盈率，大部分基本都可以归入“当期短期市盈率”的范畴。

市盈率指标的经济学含义是，假定目标公司未来保持当前净利润不变、总市值不变（股价不变），持有公司股票，公司多少年的净利润之和能够覆盖掉总市值。例如假定一只永续净利润保持恒定不变的股票，如果其市盈率为 10，意味着公司 10 年的净利润之和能够覆盖掉总市值，假定现金分红率百分之百，投资者持有其股票的年化现金分红收益率约为 10%（税前）。其实上述现金分红假设不重要，永续净利润保持恒定不变的公司，股票市盈率的倒数差不多就等于投资者持有其股票的年化收益率。关于股票赚的什么钱、现金分红及公司净利润回报投资者的其他方式等相关内容，请参考阅读本书第一章“股票为什么赚钱”。

显然，市盈率这个指标有效的前提是持续经营、持续盈利假设。只有当公司具备持续盈利假设时，“当期短期市盈率”指标才能得以计算和使用。注意，这里使用的是“当期短期市盈率”的概念。后文将会引入“远期永续市盈率”的概念。

“持续盈利”假设，重点在于持续两个字，就是说，非经常性的收益应该剔除出净利润之外。通常上市公司利润表会有一个“扣除非经常性损益后的归属母公司股东净利润”，但通常的行情软件计算的市盈率并未扣“非”，这一点投资者不可不察。

进一步严谨的非经常性损益的计算，净利润口径除了扣除财报的非经常性损益，还会进一步考虑产业景气周期波动、产品价格变动、重要原材料价格波动、其他突发非经常性事件冲击，甚至上市公司对当期利润表合法范围内的调节等多种非经常性的情况，针对性作出更具有持续性的净利润水平调整。

后文的讨论，如果没有特别指出，市盈率指的都是扣除非经常性损益的“当期短期市盈率”。

强周期性的行业，市盈率的使用就比较困难，因为营业收入、产品价格变动周期性波动太大，不同年度的市盈率变化实在太大，一般意义上的“经常性”利润不好定位，市盈率的使用就更难。市场共识一般认为，强周期性的股票，在高市盈率区间应当是买入区间，在低市盈率区间应当是卖出区间。这种观点整体看起来没问题，但离实际可操作性应当还有比较远的距离。另外，这个结论并不能简单外推到全部时间全部周期行业，例如上文提到的笔者早年以极低市盈率买入中金岭南的成功投资经验。

市盈率指标，作为相对估值指标，对于比较盈利稳定型公司的相对估值水平，最为有效，例如经营稳定的公用事业型公司。实际经济环境里，几乎所有公司，都可能会因各种原因改变未来的净利润增长态势。如目标公司的中长期净利润增长态势或其预期发生变化，净利润上下大幅波动（如强周期公司），或者波动中增长（如周期行业的成长公司），或者持续增长（成长型公司），或者持续萎缩（衰退型公司）等复杂态势，这样简单的市盈率指标就难以有效衡量估值水平了，不过原则上投资者仍然可以通过选用不同时间口径净利润来计算对应市盈率，辅助判断特定阶段的目标股票的估值水平。

微利或亏损性公司无法使用市盈率指标，除非预期其未来将会大幅盈利，这种情况下就可以使用预期未来盈利判断未来时点的相对估值水平。

三、市盈率应用的常见误区

对于新手而言，市盈率应用的常见误区是忽视了非经常性损益的影响和强周期波动公司的净利润波动。这一点前文已有所提及，还存在其他常见误区。

1. 过度等待完美低市盈率机会

市场上不少具备相当经验的投资者，长期持币不动，希望能等到最好最佳的投资机会。从市盈率的角度来看，最好的投资机会，当然是以很低的市盈率买入具有远大成长空间的股票，且该股的中短期财报还保持高增长。这种机会可以说千载难逢，遇上了千万不能错过。“天上下金子，要用大桶来接，而不是用顶针”（巴菲特语）。这样的机会，往往只出现在熊市末期最恐慌的阶段，例如 A 股 2008 年、2015 年期，美股的 2008 年末期和 2020 年 3 月。这种机会也可能出现在产业遭遇非经常性重大利空这时，例如光伏行业 2018 年遭遇反倾销、“531”新政补贴降低等非经常性基本面利空，同时叠加 A 股系统性风险释放。光伏龙头隆基股份最低动态市盈率不足 9 倍，而接下来两年公司的净利润复合增长率接近 100%，且看起来未来潜力空间巨大。

市盈率应用也许最严重的一个常见误区，总想等到最佳低市盈率机会再出手。但这样的机会非常稀少，可遇不可求。为什么不可求，因为第一，市场通常情况下，极端的好机会极少有，但不是那么完美的机会倒是有很多，就是说天上下金子的时候很少，但下饺子的时候倒不少，不必只想着捡金子，而不愿捡饺子。一直不吃会饿肚子，严重时会饿得焦虑乃至心智失常（踏空往往比套牢难受）、真有金子也没有力气来捡。现实情况，当前（2021 年 2 月）A 股全部上市公司 4000 余家，但 A 股股民总数超过 1.5 亿，公募基金管理公司 100 余家、私募基金管理人 2 万余家、登记证券从业人员数量 30 余万人，其中公募加私募股票方向基金经理至少上万人、公募研究员加私募研究员至少数千名，再加券商研究员数千名，这样的研究覆盖强度，哪里可能出现那么多拿大桶接金子般的低市盈率买入大牛股的机会！第二，对于大牛股，错过了低市盈率最佳的买入时机，“次佳”“次次佳”，甚至比较差的买入时机也可以获得丰厚回报。当最佳买入时机买入、实现一定回报之后，持有这样的股票，其实也等同于在不是极端最佳低市盈率时机继续投资于它，非最佳买入时期这一点当然不会成为卖出理由，如果投资者此时有新的资金进来，在预期保持不变甚至更好更确定的情况下，难道不可以继续加仓吗？错过鱼头还有鱼身，最关键是鱼要足够大。

实际上，由于恐惧这种人类天性，真实市场环境里，所谓天上真正下金子时，正值市场或行业或个股重大利空之时，投资者未必真敢去接，或者未必有足够资金去接。

2. 过度恐惧高市盈率

市盈率应用的第二大常见误区是，不肯买入市盈率看起来比较高的股票。曾经困扰过笔者数年的低市盈率锚定效应即可归于这一误区。基本面投资者，包括狭义价值风格或狭义成长风格或二者混合（下文统一称为基本面投资），一定会考虑估值。同一只股票，投资者本能上当然是偏向于低市盈率时买入。高市盈率给人的直观感觉就是透支了若干年的业绩，也即是说目标公司要增长若干年才能使市盈率降下来，而未来成长往往充满了不确定性，应当给未来成长打折。这个看法，逻辑上并无问题。实际应用中之所以经常成为误区，是因为可能忽视了下述现象：公司可能在特定时期受制于“广义非经常性损益”使得市盈率看起来比较高，例如投资巨大的生产线已投产财务报表上已转入固定资产计提折旧，但产能爬坡需要时间产能未充分利用；公司营销广告或渠道建设投入加大，受益长远但对短期利润冲击较大；公司研发费用计入管理费用未资本化而研发成果实现回报时间延后；中小型成长公司，在公司成长进入某一个阶段，由于规模经济效应，利润的增长速度可能显著大于投资者或市场共识的预期，等等。此外，不肯买入市盈率看起来比较高的股票，更可能忽视这个现象：公司的远大成长空间及其确定性获得越来越多投资者的认同，公司很多年都难以出现低市盈率的投资机会，但是成长空间确实巨大，即使是以不低的、非心理舒适区的市盈率买入，公司的持续成长还是可以消化掉投资之初的高市盈率并实现良好回报。

后文将有关于超级成长股的“合理”市盈率讨论。

3. 过度迷恋低市盈率

不少投资者只喜欢投资于低市盈率的股票。笔者不否认“低市盈率策略”的有效性，后文还将谈及相关内容。这里的低市盈率误区，主要指的是，过于看重低市盈率，而可能忽视了对公司的经营前景和业绩波动风险，以及高估了低市盈率的安全性。除了极端熊市和重大突发利空，低市盈率股票一般出现于低速增长的行业和公司。其中为数不少的低市盈率股票，可以归属于“存在即合理”，即该类公司多多少少有一些不容忽视的问题，例如持续盈利能力可能存在重大隐患，或者内部人控制、大股东与中小股东利益冲突或者其他治理结构问题，等等。

例如，A 股大部分低市盈率公司分布于银行、地产、建筑业，三大行业均可归属于预期长期增长前景不佳的行业。市场普遍担忧银行业的高杠杆，自身资本金撬动超过 12 倍的资产用于运营产生利润，而银行的贷款投向、资产质量究竟如何局外人又的确难以知晓，资产质量的一点点波动都可能会使利润产生大幅波动，从而使市盈率发生变动。这种高杠杆和资产黑箱带来的巨大的不确定性，以及低速增长的预期，使得其低市盈率有相当的存在合理性，特别是在宏观经济下行期。例如 2013 年以前整体银行业净利润都保持良好的中高速增长态势，但 2013 年开始增速下台阶，2014 年至 2019 年行业净利润增速几乎停滞，2020 年前三季度行业负增长，大部分银行股的市盈率也相应持续走低。

唯有招商银行、宁波银行维持了相对比较高的市盈率和股价上涨态势。以招商银行来看，其零售银行业务持续领先，中间业务、个人贷款业务创造的收入逐步成长为主要收入和利润来源，相对对公业务占大头的其他银行，招商利润增长态势相对更健康，资产质量风险和未来可预见性相对更强，因此招商银行就成为A股银行股的领头羊，市盈率长期高出其他股份制银行的一倍左右。宁波银行过去多年亦保持了差不多A股上市银行最好的持续增长态势，宁波银行不是银行业龙头（所以不应该有龙头溢价），但其市盈率亦一直处于A股银行最高端。过去多年投资者投资于招商银行、宁波银行的回报将远大于其他银行。可见低市盈率的确不值得迷恋太多，重点还是要看公司的长远未来。

以上招商银行、宁波银行的例子显示，即使是同一行业，个股估值可以和“应当”有很大差距，因为再好的行业、赛道，也会有竞争，在充分市场竞争中胜出的优秀企业，通常市盈率会更高，也隐含市场对其未来持续领先行业成长的预期。

另外，市盈率低也并不一定意味着更安全。当基本面转差，利润负增长，股价下跌以后，市盈率反而会升高；当遇上系统性风险，基本面平庸、公司前景不确定的低市盈率股票，往往比市盈率高的稳定增长的大白马跌幅还深。

推而广之，低估值并不是安全的代名词。价值投资开创者格雷厄姆，巴菲特的老师，致力于投资于估值极低的股票，市值低于PB还要留足安全边际，但即便如此，仍然在1929年至1932年股灾遭受惨重损失，几近破产。

如基本面发生持续恶化，或者重大系统性风险来临，低市盈率、低估值通常难以成为投资者的避风港。

4. 无视高市盈风险

几乎所有的股灾都是股价炒得太高，远远脱离了其基本面的支撑，以市盈率指标来看，就是市盈率炒得太高，上百倍甚至几百倍。

市场的确有高市盈率股票仍然创造高收益率的例子。远的有著名美股亚马逊和特斯拉，近的有A股爱尔眼科、通策医疗等。但显然高市盈率不是投资这些公司的理由，看好公司长期空间才是理由。实际情况是高市盈率股票太多，而高成长空间的股票不多。大多数公司只不过是昙花一现，最终归于平淡。当市盈率高达上百倍时，理智的做法首先应当是谨慎，理性评估，分析研究目标公司的未来成长空间及其确定性，是否足够支撑这么高的市盈率。关于具体的评估方法，后文“超级成长股的‘合理’市盈率”还将继续讨论。普遍意义上，由于只有极少数公司能成为大牛股，而高市盈率股票通常数量较多，因此大多数高市盈率股票会成为投资者的绞肉机。

另外，以超高的市盈率买入股票，就算是大牛股，也要面临波动性加大的可能。任何公司的成长前景均具有不同程度的不确定性，即使是对于市场认同度高的成长股，在特定的市场阶段，哪怕一份短期净利润兑现有点波折的季度财报，都可能引发股价的较大波动。

A股历来有炒新、炒小、炒科技的传统，相当多的普通投资者炒股看概念。随着全面注册制的进一步推进，股票供给持续加大，壳资源消失，科技概念股的稀缺性也消失，相当多高市盈率的科技股最终必将面临泡沫破灭的宿命。当然，市场总会有泡沫，这本是正常现象，在科技行业有一些泡沫，还有利于相关实体产业。不过投资者可以理性选择，是参与泡沫狂欢并择机退出，还是把投资当情怀消费，抑或是艺高人胆大，火中取栗抱回金砖。

5. 市盈率泡沫化初期过早卖出

市盈率超出最乐观的未来成长前景预期，就是说高估了，股价进入泡沫区间。这种情况当然不值得长期投资风格的投资者再继续买入，但通常也不需要尽快卖出，具体卖出时机可以有不同选择。证券市场毕竟大多数时候并未按“合理”市盈率区间进行股票交易，大多数时候大多数股票的市盈率不就是偏高，不就是偏低，精确的“均衡”或者“合理”的定价在证券市场也许只在理论上存在，即便存在也只存在于瞬间，背离才是常态。市盈率出现高估，泡沫开始泛起，大多数时候并不意味着泡沫即将迅速破灭，相当多的时候，泡沫膨胀的阶段可能创造更为丰厚的投资回报。股价和市盈率同步攀升至泡沫水平，这时候可以提高警惕的同时，继续持有分享泡沫膨胀阶段的回报，酌情适度放宽净值回撤幅度，在泡沫破灭的早期阶段止盈卖出，即右侧交易，才是最优选择。这其实是趋势跟随的交易思想。关于趋势跟随相关内容请参考阅读本书第四章“聪明的成长股趋势跟随”。

四、超级成长股的“合理”市盈率

1. 当期短期市盈率对超级成长股的失效

笔者曾在《简单双因子模型》中提出超级成长股潜在长期成长空间的估算方法；在《为什么要投资股票》中亦指出，超级成长股的成长空间最为吸引人；在《聪明的成长股趋势跟随》中提出了对成长股的趋势跟随研究跟踪和投资方法。净利润（或现金流或营收）长时期保持 20% 以上高增长（允许个别年份增速降低甚至略有下滑）、推动价格上涨数十倍以上的股票，可以称为超级成长股。实际市场环境中，多数情况下股价的上涨在十余年以上的长周期大致与目标公司净利润增长接近同步，但在三五年以内的时期内，股价的上下波动幅度往往大幅高于当期净利润增长幅度，使得股票市盈率水平的波动幅度相当巨大。同为超级成长股，不同的个股，市盈率分布区间亦是相差巨大。

贵州茅台自上市以来的市盈率分布于从 8 倍出头到接近 100 倍，

即便在 2007 年年底以接近 100 倍市盈率的高位买入贵州茅台（显然这是最差买入时机），持有至 2020 年年底还可以取得约 14 倍的惊人回报，13 年年化复合收益率约 23.16%，此时公司的最新 TTM 市盈率为 56.3 倍。

同样，建筑防水行业的大牛股东方雨虹上市以来的市盈率分布区间在 11.25 ～ 81.76 倍之间，平均市盈率（TTM）为 32.71 倍。如果在东方雨虹的最高 TTM 市盈率（应当也是最差买入时机）2010 年 4 月 27 日当天收盘价买入东方雨虹，当日的市盈率（TTM）达到 81.76 倍，持有至 2020 年年底，累计收益率为 10.45 倍，年复合收益率约为 25.67%，此时公司的最新 TTM 市盈率下降为 33.63 倍。

爱尔眼科上市以来的市盈率区间分布区间在 36 ～ 130 倍，上市以来平均市盈率约 76 倍，一直处于市场较高的市盈率区间，但是即便在 2010 年 6 月中 128 倍市盈率的最差买入时机高位买入爱尔眼科，持有到 2020 年年底还可以取得约 21 倍的惊人回报，10 年半时间年化复合收益率约 34.24%，此时公司的 TTM 市盈率竟然上升到了 182 倍。

以上三家公司的例子显示了 A 股历史上以最高市盈率、最差时机买入并长期持有超级成长股，然后获取丰厚回报的经典案例。

这里当然不是鼓励投资者以极高市盈率买入股票，也并非赞成买入股票完全不考虑时机和估值，也不是赞成简单僵化的长期持有（关于简单僵化长期持有的危害，请参考阅读本书第五章“长期持有的梗”）。上面这几个例子，是想说明：即便以百倍左右的市盈率买入超级成长股，真正的超级成长股都可以通过盈利增长来消化掉买入之时的高市盈率；成长空间巨大的超级成长股，在上百倍的市盈率基础上，市盈率还可能继续翻番。

这里的关键是，一定要选中真正的超级成长股，即选中盈利（或营收或自由现金流）能够增长至少几十倍上百倍的这种股票。一旦选中这种股票，对买入和持有期间的市盈率水平可以大幅放宽。换句话说，对于真正的超级成长股，“合理的”当期短期市盈率分布区间太广，广到难以用于指导实际投资，从而使得该指标在这种情况下相对钝化或者失效。

那么作为市盈率估值指标是不是就不能应用于超级成长股了？其实也不是，下面引入“远期永续市盈率“的概念。

2. 远期永续市盈率和远期合理市值

除亚马逊等个别特例外，大多数超级成长股，净利润在时间序列上呈“厂”字形，前面那一撇，表示成长期的净利润逐年增长，上面那一横，表示净利润增长进入稳定期，即永续稳定或永续低速增长期。超级成长股净利润增长时间长、空间大，即使得“厂”字那一撇又深又长。成长初期的当期短期市盈率相当于用那一撇下端的净利润水平来计算市盈率，这样估值显然低估了成长的作用。如果投资者确信目标股票是超级成长股，可以使用永续增长期的净利润水平，来计算“远期永续市盈率”，根据目标公司行业属性等综合特质假定一个永续增长状态下易于接受的远期永续市盈率的合理水平，远期永续市盈率 × 远期永续净利润 = 远期市值，当前股价持股至公司达到永续增长之时的总回报 = 远期市值 / 当前市值 -1。

以东方雨虹为例来说明这个远期永续市盈率估值分析过程。方便起见，高度简化和粗略假定——大量假定完全可能脱离实际，不代表真正的业绩预测和估值观点，更不形成任何投资建议。

投资者将会综合考虑东方雨虹未来的市场份额变化情况，以及防水材料的市场容量增长情况，以及竞争壁垒、竞争格局和公司核心竞争力决定的利润率水平等来预测未来永续稳定期的净利润。2020 年底，东方雨虹市场份额大约 10%（全防水市场口径），多年持续上升，龙头地位稳固。假定十年后公司市场份额进入稳定期，稳定期市场份额达到 40%，这样公司份额的增长空间是 40%/10%-1=300%，假定这十年间防水卷材市场容量年化增速是 7%，则十年后市场容量累计增长约 96.7%，则十年后公司的总营业收入累计增长幅度 =（1+300%）×（1+96.7%）-1=686.8%，即十年后营业收入相当于当前的 7.868 倍。这里忽略了公司品类扩张可能带来的潜在增长空间。当然品类扩张能不能带来正回报，不同的投资者可以有不同的判断。这里只是举例说明远期永续市盈的测算过程，不深入讨论基本面分析和预测。假定十年后公司净利润率水平与当前相当，则营业收入增长幅度 = 净利润增长幅度，则十年后稳定期时公司的净利润是现在的 7.868 倍，根据公司 2020 年年报，公司 2020 年净利润为 33.9 亿元，则稳定期净利润为 33.9×7.868=266.7 亿元。考虑进入稳定期后公司的行业特质和盈利稳定性，以及未来长期低利率环境下龙头企业的估值水平，假定公司合理远期永续市盈率为 20 倍（当然投资者应当取自己认为最合理的市盈率倍数），则对应的合理远期市值为 266.7×20=5334 亿元，当前（截至 2021 年 6 月 11 日）公司总市值 1476 亿元，则投资者持股 10 年的总收益率 =5334/1476-1=261.4%，复合年化收益率 13.7%。当前（2021 年 6 月 11 日）东方雨虹的实际 TTM 市盈率为 41.5 倍，处于历史高位区间。

这个远期永续市盈率的估值分析，简单适用。虽然不可能精确，但方向性、数量级的模糊正确的预期是指导投资决策的底层支撑。从这个例子来看，对估值分析影响最大的应当还是成长空间的预测。上述假定中变数和影响最大的是目标市场份额及达到目标市场份额的时间长度（年份数）、净利润率、品类扩张是否成功等，这些因素对最终估值结果影响最大。普遍意义上，影响目标公司长期成长空间的因素，主要是市场份额、市场容量、竞争壁垒竞争格局及核心竞争力决定的利润率等因素。公司深度的研究目的，即是要基于投资者自身的综合研究能力，对目标公司形成区别于市场共识的独有的远期成长预期。关于这部分内容请参考阅读本书第二章“双因子模型——通用成长股逻辑框架”。

从这个例子可以看出，对于超级成长股，当期短期市盈率高不代表估值水平高，因为当期短期市盈率很可能未充分反映长期净利润增长空间，很可能远期永续市盈率并不高，这种情况下不应该认为当期短期市盈率高就是“估值高”。市场评论经常称此情况为基本面好而估值高企，实际以远期永续市盈率和远期合理市值的角度来看真实估值往往低估甚至极大低估。

这里必须要强调，引入远期永续市盈率和远期合理市值的概念，并非赞成以高市盈率买入成长股。这个估值指标和估值方法的引入，是帮助理解当前越来越多的优质成长股当期短期市盈率越来越高的现状，帮助探究其是否具备某种合理性，以帮助投资者在深刻理解估值水平的基础上，制定应对措施。至于具体应对措施，当然可以有不同策略选择，只是不需要完全否定所有高市盈率的股票，以免错失心仪大牛股的遗憾一再重演。尤其当下和可预见未来的证券市场大环境，要想以低市盈率买入超级成长股，机会应该很少。

另外，笔者曾设计完全使用基本面指标的量化多因子模式的成长股策略，历史回测和样本外跟踪均表明，使用经过优化的当期短期市盈率指标，市盈率指标高低差别对策略表现的影响不是很大，而增长率指标及盈利质量指标变动影响很大。也就是说，对超级成长股而言，对当期短期市盈率的容忍范围的确可以适当放松。

五、关于 PEG 指标

谈到市盈率 PE，当然必须要提到 PEG。因受著名基金经理彼得 · 林奇推崇，这个指标被广泛使用，《彼得 · 林奇的成功投资》一书还专门介绍。PEG=PE/G，G 为净利润增长率。一般的经验数字，PEG 小于 1，代表可能股价被低估，越小则低估越多，反之大于 1，越大则高估越多。

指标计算的关键在于增长率 G 的取值，它应当使用未来 3 年至 5 年的预期复合增长率，实际应用中，普通投资常有使用最近一年的增长率，或者预期一年左右的增长率，甚至应用于强周期行业个股，这都是比较常见的误解。

PEG 指标基本只用于“正常增长”的成长股，即未来几年可预测性强、净利润复合增速大致介于 15% 至 40%。太低的增速，例如年增长 5%，已经不是成长股了，PEG 指标没有意义。市盈率 5 倍，不需要增长，如果长期预期都保持稳定、不负增长，近似等于年化收益率 20%，假定自由现金流与净利润基本一致。如果目标公司净利润增速很高，例如连续几年 50% 甚至更高，本就很罕见，真的遇上，可能一个 PEG 指标也就不能说明什么问题了，需要结合成长前景分析，使用其他估值分析方法，例如前面介绍的远期永续市盈率。

就笔者的经验来看，从全市场角度来审视 PEG 指标的整体有效性并不太高。笔者曾使用 A 股历史数据回测过上百个基本面因子的有效性，其中 PE 指标是有效性最高的指标之一，下文还将提及，而各种口径计算的 PEG 指标有效性均不太好。究其原因，还是因为短期跑得快不如长期跑得稳，普遍意义上长期五至十年以上持续增长的重要性远大于短期增速高。“一年一倍者多，十年十倍者少”。中短期，一至三年左右（对应通常计算增长率 G 的区间），实现净利润高增长的公司数量众多，而之后大部分增长停滞甚至负增长。A 股历史上基本面推动的累计涨幅前列的股票，大部分年度增长幅度并非当年“尖子生”，胜在持续增长很多年，即便有少数年份也可能遭遇增长减速，但大部分年份都保持稳健的增长态势。当然，如果投资者是先选中了大牛股，然后使用 PEG 指标来参考估值，也无不可。不过最重要的，还是要先选出成长空间巨大的个股。

现实世界里，投资者都是人，认知能力都有限、认知能力本身通常也会演变；上市公司成长也充满了不确定性，有的公司开始阶段成长确定性不够强，而在市场拼杀几年之后，竞争力大幅提升、行业壁垒大幅提升，成长确定性就大大增强。投资者完全有可能面对一批有良好成长潜质的股票，但并不确定到底哪些会胜出、哪些个股的成长空间最大，这时候使用 PEG 指标帮助筛选和构建组合，然后根据情况变化调整组合，类似骑马找马，这也是一种现实选择。如果投资者有高度信心确认目标公司的远大长期成长空间，那么 PEG 和短期市盈率还是应当淡化。如果在确认目标股票是超级成长股的情况下又想应对中短期的业绩波动，可以采用估值指标以外的其他应对方式。

六、白马龙头高市盈率之谜

2016 年以来，确定性比较强的白马加龙头股票获得市场主流资金高度认同，市盈率水平持续攀升。究其原因，是在于宏观经济不同周期对不同风格股票定价的影响：宏观经济景气上行期，投资者对未来信心充沛，倾向于相信目标公司容易取得持续高速成长，贪婪占上风，此时短期高增长的股票更受追捧；宏观经济景气下行期，投资者信心悲观，倾向于增速稳定但确定性高的投资机会，恐惧占上风。这样的群体心理特征和交易行为，很容易造成确定性强的白马龙头在不同宏观经济景气度下的不同相对表现。

这一点从自由现金流折现法可以看得更为清楚。经济学意义上，所有股票的内在价值等于其未来预期自由现金流的折现值。自由现金流折现可以用下式表示：

$$V=\sum_{t=1}^{n}\frac{FCF_t}{(1+R)^t}=\sum_{t=1}^{n}\frac{FCF_t}{(1+R_{\mathrm{f}}+R_{\mathrm{p}})^t}$$

式中，V 为折现值，FCF_t 为第 t 年的自由现金流，R 为折现率。折现率 R= 无风险利率 R_f+ 风险溢价 R_p。

自由现金流折现公式中的无风险利率，对任何一只股票都一样，所以无风险利率本身的变动，不会造成确定性与非确定性股票的估值差异；而不同宏观经济景气度情况下投资者给予不同风格股票的风险溢价不同，才是估值差异的真正原因。

宏观经济景气上行期，乐观情绪和贪婪占上风，投资者愿意承担更大风险或者忽视了不确定性风险，更倾向追逐当期分子端的高增长（营收、利润增长带来现金流增长），潜意识认为当前较高的增长速度未来还将继续保持，此时不同风格股票风险溢价差别相对较小，则短期增长高的股票获得更高折现值，当期短期市盈率就比较高。

当宏观经济下行，投资者信心受挫，对短期高增长的可持续性预期信心下降，悲观和恐惧占上风，避险情绪浓厚，此时增长速度相对较低的白马龙头股因其长期成长确定性强更易取得投资的信赖，即在宏观经济下行期投资者赋予白马龙头股的风险溢价显著低于不确定性大、经营波动大的公司的风险溢价。这个机制其实与债券市场的信用利差形成和波动机制相同：高信用等级债券的收益率低于相同关键条款的低信用等级债券，当宏观经济下行压力加大时，债券信用利差通常会扩大。信用利差也将直接影响相当高负债公司的盈利波动：宏观经济景气下行期，高杠杆负债经营的盈利波动性大的公司因信用利差的扩大而负债成本加大，从而拖累营收、利润和现金流。不管是否高负债经营，盈利波动性大的公司，营收、利润和现金流通常受经济下行影响冲击更大，这样分子端也受到相对更大的负面冲击，分子端和分母端同时受到相对更大的负面冲击，这就使得高经营波动性的公司折现值下行，当期短期市盈率下行——当然，如果情况恶化严重，当期净利润快速下行，就会造成折现值下行的同时，当期短期市盈率反而提高的现象，早先的绩优成长低市盈率股就成了业绩衰退的绩差高市盈率股。这一阶段无风险利率通常会下行，但对高经营波动公司而言，无风险利率的下行抵不过风险溢价的上升和营收，也抵不过利润和现金流的减速。相比之下，对于确定性强的白马龙头股，此时分子端受冲击小，分母端同样受益于无风险利率下行，此时因投资者更追逐确定性、更相信白马龙头的盈利可持续性，风险溢价反而下降，从而折现值只有轻微下降或不降反升，当期短期市盈率就显著上升。

2016 年至今中国宏观经济整体处于一个大的下行周期，这可以从相当大程度上解释这一阶段开始确定性强的白马龙头股获得持续的市盈率估值溢价的原因。当然，确定性强的白马龙头股获得估值溢价还有其他因素发挥重要作用，这些因素主要包括：大部分传统产业从分散走向集中，相当多龙头股获得超越行业的持续增长；海量确定性偏好更强的外资持续进入 A 股市场；注册制推进，壳价值持续缩水，长期潜质一般的上市公司稀缺性也开始消失。

考虑到未来可能较长时间宏观经济景气度都难以重现高涨，预计长期确定性强的公司股票估值溢价应该会长期存在。再一次提醒，这里并不是说笔者赞同投资不问市盈率。确定性再强的股票都有一个合理估值（例如自由现金流折现值或前面引入的远期合理市值），市场价值远超合理市值的部分就是泡沫，过大的泡沫早晚一定会破裂，只不过破裂的时间、方式、诱发原因通常无人能提前知晓。

这里还是要重点提示：上述宏观经济景气度与确定性和估值的变动逻辑，只是影响股票市场风格表现的一个因素，而真实市场的运行是由很多逻辑或很多因素共同作用的结果，在不同时期市场主导因素不一样，尤其在短期内什么因素是主导因素具有很大偶然性和难以预见性。投资者切勿陷入使用单因素来分析研究市场和个股的误区。例如注册制推进对壳价值和中小市值成长股估值水平的冲击；再如近期公募基金爆发式增长，申购资金主要流向的基金投资风格可能就在短期内对市场风格有更大影响，随着申购资金边际冲击逐步减少，这一影响因素预计又将逐渐弱化。

七、低市盈率策略无效吗

前面谈到了高市盈率未必不可以投资，低市盈率未必安全，但也提到了市盈率是全市场最有效的单因子之一。实际上，低市盈率策略本身确实是一个长周期的强有效策略。下图是申万市盈率风格指数的历史表现。

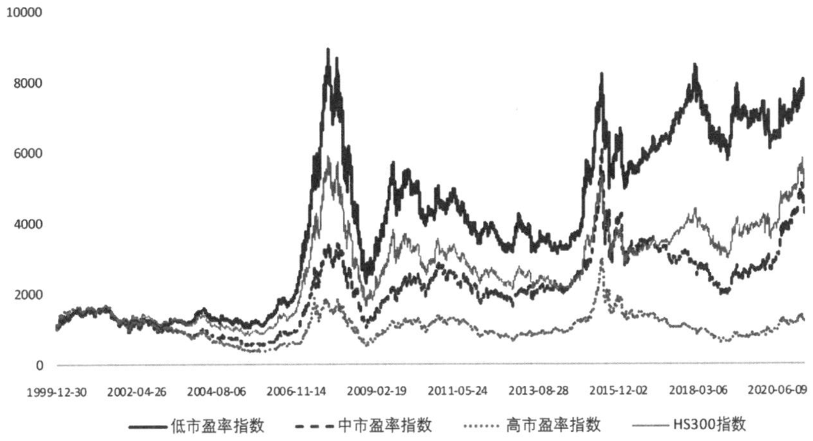

上图显示，过去二十年申万低市盈率指数遥遥领先高市盈率指数和中市盈率指数。自 2000 年初至 2021 年 12 月 31 日，总共 21 年申万低市盈率指数取得累计 631.41% 的收益率，年化 9.94%，而申万高市盈率指数表现最差，累计收益率为 25.33%，年化仅 1.08%。比较沪深 300 指数有数据以来的 2002 年年初至 2020 年年末，申万低市盈率指数累计收益率 500.45% ，沪深 300 指数累计收益率 295.86%，申万低市盈率指数超越沪深 300 指数收益率 204.59%，年化超额收益率 5.42%。总共 19 个年度，申万低市盈率指数有 15 个年度战胜沪深 300，占比达 78.9%，其中申万低市盈率指数在 2008 年和 2013 年分别略输于沪深 300 指数，分别落后 2.2%、1.9%，在 2019 年和 2020 年分别落后 11.1%、27.1%。而在连续跑输沪深 300 指数两年以后，2021 年初至 2021 年 3 月 12 日，申万低市盈率指数收益率 7.1%，同期沪深 300 指数收益率 -1.2%，申万低市盈率指数大幅战胜沪深 300 指数 8.3%。

笔者亦开发过一个低市盈率传统量化多因子策略，使用经过优化的当期短期市盈率，选取全市场市盈率最低的一批股票构建组合，为避免出现价值陷阱，使用了增长率指标剔除衰退型股票，使用了盈利质量指标剔除明显异常的股票，定期调整组合，在充分考虑了佣金、印花税、滑点等交易成本以后，策略历史回测和样本外跟踪表现结果如下。

自 2009 年 1 月 1 日至 2021 年 12 月 31 日，共 13 年自研低市盈率策略累计收益率 1108.4%，年化收益率 23.08%，同期沪深 300 指数收益率 186.7%，年化收益率 9.17%，自研低市盈率策略相对沪深 300 指数的累计超额收益率（累计阿尔法）为 306.6%，年化超额收益率（年化阿尔法）为 12.4%。自 2009 年初至 2020 年底总共 13 年，自研低市盈率策略年度收益率只在 2019 年和 2020 年分别落后沪深 300

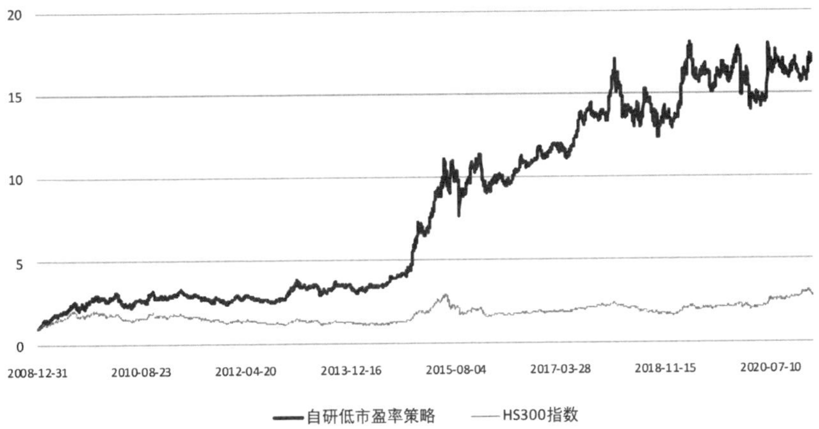

指数 2.99%、32.03%，其余完整年度均战胜沪深 300 指数，胜率达 83.33%。同样，在连续两年跑输沪深 300 指数以后，2021 年年初至本文写作日 2021 年 3 月 12 日自研低市盈率策略收益率 14.2%，大幅跑赢沪深 300 指数 15.4%。

可以看出，A 股长周期历史上，低市盈率策略相当有效，历史上大多数年份低市盈率策略都能战胜沪深 300 指数。

与彼得 · 林奇齐名的明星基金经理约翰 · 聂夫，在其管理温莎基金 31 年间，累计收益 55 倍，年化复合收益率 13.7%，年化复合收益率超过标普 500 指数 3%，31 年中 22 年跑赢标普 500 指数，其自述投资风格即是低市盈率策略。聂夫总结其低市盈率策略包括以下几个标准：市盈率低；基本增长率介于 7% 至 20%；收益（此处指现金分红）有保障；总回报率相对于所支付价格对应市盈率的关系最佳；除非从低市盈率得到补偿，否则不买周期性股票；成长行业中的稳健公司；基本面好。

最低市盈率的思路，显然不会筛选出超级成长股，组合构成均是狭义的低估值价值股。这充分说明，在超级成长股之外，长周期来看低估值价值股也可以取得优秀的超额收益。

原因是什么呢？从内在机理来讲，假定净利润 = 自由现金流，未来预期业绩稳定（不需要增长，也不衰退），公司没有治理问题，则市盈率的倒数就是持有该股的年化收益率。以低市盈率、低估值水平买入持有长期盈利稳定的股票，低市盈率、低估值本身就带来了高收益率。这个逻辑的关键是，盈利要保持长期稳定，或者至少是在投资期限内目标个股的长期稳定盈利能力没有被证伪。如果目标公司的盈利出现衰退和大幅下滑，通常市盈率会迅速上升，也就不会成为低市盈率策略选择的个股了。约翰 · 聂夫的选股标准里，对基本增长、综合基本面亦很看重。

从上面低市盈率策略的表现来看，近两年 A 股低市盈率策略的相对表现并不好，那么会长期表现都不好吗？笔者认为，这两年低市盈率策略相对表现较差，主要原因还是在于宏观经济增长下行，叠加贸易冲突和新冠肺炎疫情，投资者对低市盈率股票的盈利前景是否能维持稳定产生比过往经济下行期更多的疑虑所致，也即在这一阶段 A 股低市盈率股票亦因前景不明而风险溢价上升。A 股低市盈率股票大部分布于银行、地产、建筑建材等传统产业，这批产业正好是市场普遍担心未来可能出现衰退的行业。当宏观经济增速触达一个低位区保持相对稳定，即接近一个低台阶增长的新常态以后，市场预期逐步稳定，低市盈率策略仍可能取得出色表现。

八、估值指标不是好的交易信号，但是好的长期风向标

市盈率是最通俗易懂、计算使用最方便的估值指标，不过可能也是最容易被误用的估值指标。正确使用市盈率指标，需要对指标本身有深入了解，更需要对目标公司盈利状况及预期演变态势有深入了解。

市盈率指标和其他任何估值指标，在中短期维度都不是好的交易信号。市场每天都在发生大量交易，并没有多少投资者手持计算器频频估值来发出交易指令，市场价格也并不会去理会投资者使用的是DCF还是当期市盈率还是远期市盈率。在短期内，任何估值指标的锚定作用都远抵不过群体贪婪或恐惧汇聚的情绪化交易冲击。简单根据短期估值高低来做交易信号的成功投资案例似乎鲜有所见。

另外，上市公司的基本面处于持续变化之中，所谓确定性本身，在现实环境中也会持续变化，同一家公司在不同阶段，其未来确定性可能会有很大差异。例如，成长初期的企业，在经历市场竞争取得绝对领先之后，行业竞争壁垒提升，竞争格局优化，公司的未来成长性

就确定了很多；实体经济和证券市场总会有一些突发因素，使得本来看起来确定的某些行业遭受重大冲击，长期不确定性上升，例如新冠肺炎疫情和中美贸易摩擦，使得如航空、机场、旅游、餐饮、部分科技产业等受到冲击，业内上市公司的不确定性大幅提升。可以说，普遍意义上，宏观经济、产业经济和公司经营，唯一不变的就是永远在变。公司短期业绩面临不确定变化，长期确定性本身亦面临不确定变化，市场参与者的个体和群体认知也在变化，所以市盈率的变化就更加变化无常、难以捉摸。不论长期投资风格还是中短期投资风格，市盈率和其他估值指标都不是很好的交易信号指标。

虽然估值指标不是好的交易信号，但它可能是最为重要的是否值得长期投资的参考风向标——这里的长期投资，包括长期持股，也包括不同形式的持续追踪持有和交易。恰当选择估值指标和估值技术来对目标公司的内在价值进行估算，我们可以得出大幅低估、大幅高估、正常估值区间这样的模糊但趋向于正确的结论。尽管高估的股票还可能更高估，低估的股票还可能更低估，但长期而言，高估股票和低估股票的终极运动方向必然都是回归正常区间。投资者的时间精力和资金资源总是有限的，有限的资源应当主要投资于顺应大趋势方向的投资标的。正确使用估值指标可以帮助投资者大致分清主要趋势方向，避免过度沉迷于短期波动而忽视了主趋势方向。投资者需要有建立在深度基本面研究基础之上的估值分析，作为投资决策的长期风向标。

股票市场上不止一种投资逻辑可以盈利。对于基本面投资者，最好的投资逻辑，是寻找大幅低估的公司，尤其是当期短期市盈率远未反应未来远期合理市值的超级成长公司，买入、持有、动态调整，分享公司长期成长带来的巨大价值。

实事求是地说，常见的估值指标和估值技术，对大多数人而言理解和掌握起来通常不会太难；也不存在有什么高级、复杂的估值技术，能够大幅提升投资者的投资绩效。影响投资绩效的因素很多，重要因素至少包括公司深度研究能力、理性和独立思考能力、是否有适合自己的完备投资体系、贪婪和恐惧的情绪控制能力，等等。在公司深度研究这方面，造成不同投资者之间重大区别的往往不是估值技术本身，而是对公司未来中长期发展空间的独特远见能力，或曰长期视角的商业洞察力。同一家公司，远景预期不同、确定性理解不同，使用同样的估值方法结果就会千差万别。即通常情况下公司深度研究最重要的是远期前景及其确定性展望，估值分析只是基于远期展望不同情景的粗略量化结果呈现而已，“毛估估”即可。

第三部分

投资组合的关键：适度分散与波动性控制

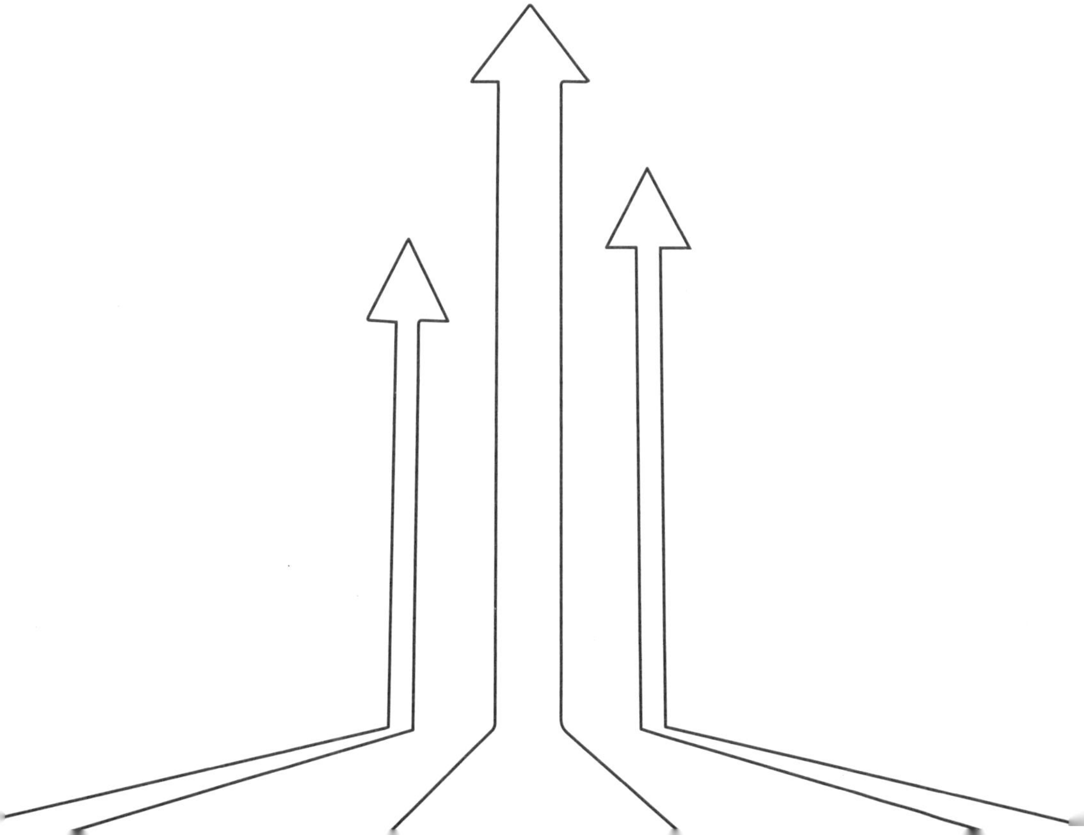

第七章
投资组合的分散与集中

分散还是集中，几乎是证券投资圈永恒的争议话题。对大多数普通投资者，直观感觉上，分散投资似乎不可能取得好的收益率。在股票投资组合方面，跟很多投资者朋友类似，笔者本能上也总是忍不住喜欢自己的重仓股，总想将已经重仓的股票买得更多，然而脑海深处也总有不同的声音响起：不需要太集中、不可以太集中。

一、分散投资不等于低收益

不仅很多普通投资者喜欢集中投资，大名鼎鼎的股神巴菲特和芒格，看起来也是集中投资的坚定拥趸。例如，巴菲特曾提到：“我们的投资策略是集中持股，我们试着尽量不要这也买一点，那也买一点，因为那样会使得我们对于被投资的产业漠不关心，当我们觉得价格合理时，我们就会一口气大量地买进。”（《巴菲特致股东的信（1978）》）查理·芒格也提到：“我们并不认为分散程度很高的投资能够产生好结果。我们认为几乎所有好投资的分散程度都是相对较低的。”（《穷查理宝典》）

分散投资真的不可能有好的收益率吗？其实未必。这里有两个经典案例。

第一个是数学家西蒙斯创办的文艺复兴公司旗下的大奖章基金，从 1988 年到 2020 年 4 月，复合年化收益率费前约 66%（费后约 39%，其固定管理费 5%、业绩报酬 36%），这个收益率可能是证券史上堪称前无古人的奇迹般的收益率了，且奇迹看起来仍在持续。该基金的持仓极度分散，常年持有并交易上千只至数千只股票。除了股票，大奖章基金还持有和交易大量金融期货、期权、商品期货等衍生品。西蒙斯本身是数学家，团队成员亦全部为科学家水平的理工科专家，投资原理像是黑匣子，怎样做到这么高的长期收益率，旁人不得其解。但从其持仓情况可以看出，其收益率奇迹是在高度分散情况下获得的。

再来看另一个例子，更贴近我们大家的基本面中长期投资风格：彼得·林奇，这位掌管富达基金公司旗下麦哲伦基金的基金经理，创造了13年年化收益率29%的辉煌业绩记录，将该基金打造成富达基金的旗舰基金，其持仓股票数目亦常年高达上千只，持仓股票以成长股为主，除快速增长型股票外，还包括稳定增长型股票、缓慢增长型股票、周期型股票、困境反转型股票、隐蔽资产型股票等多种类型。

这两个例子显示，持仓分散，不等于收益率低。通常情况下，大多数普通投资者持仓比较集中，同时大多数普通投资者的业绩又比较平庸。是不是看起来，集中持仓更有可能使得长期收益率下降？当然不能简单倒推。但后文谈到的集中持仓带来的缺点，的确是很多人投资失败的常见原因。

上面两个例子，投资策略分别有量化和主观股票单多这两大类不同的投资策略。量化类投资策略，尤其是以统计套利为主的量化策略在交易标的、投资原理上与传统主观股票投资策略有很大的区别。本文只重点讨论传统主观股票单多型投资策略。

二、适度分散的必要性

多年的投研实务，在传统主观股票单多策略方面，笔者个人相对倾向适度分散好于高度集中，主要有下述原因。

1. 投资面对的是概率事件而不是确定事件

现实世界，企业成长充满了偶然性，普遍意义上极难有人能真正预见企业未来的长周期远景。例如，从逻辑上来讲，是不是企业创始人应当最能洞察自己的企业前景？如今市值约 5 万亿元的科技巨擘腾讯控股，创始人马化腾在 2000 年左右竟然差点以不超过数百万元的价格卖掉公司，且自 2005 年开始直到现在 2020 年，腾讯控股基本面与股价比翼齐飞（意味着腾讯控股的前景更容易看清），而马化腾仍然连续多年多次减持腾讯控股股票；微软的比尔盖茨，从 1992 年开始连续减持微软股票，自那时至今的大部分时间，微软的基本面同样如日中天、未来可预见性比 20 世纪 90 年代初更好，股价也相应长时间连续上涨。普通投资者，不是公司内部人，普遍意义上应该也难以与比尔 · 盖茨和马化腾等更加了解自己的公司吧，对企业成长的确定性把握还是应持比较谨慎的态度。

人的认知能力是有限的，对标的股票的分析预测并没有人能做到不犯错，投资者预测错误的情形必然是经常发生的现象。索罗斯称此为“易错性”，指世界复杂性超出了人们的理解能力，人们不可能准确地预测未来（《索罗斯带你走出金融危机》）。因此投资组合的管理，很大程度上是一个发现错误并不断纠错的过程。普遍意义上投资者只能被动接受这样的现实：犯错是必然的。但投资者可以有主动的应对方案，即可以允许犯错，但是错误的代价不应当太高。太集中的投资组合，使得犯错的机会成本变得非常大，一次犯错，可能对长期绩效的影响是毁灭性的。普通投资者们熟悉的例子，2008 年“亚洲最赚钱公司”中国石油上市，成千上万的个人投资者因为自信了解中石油，而重仓一路持有，投资组合因此被重创。但在其漫漫下跌过程中，持有其股票的投资者大多数并不能意识到它未来那么多年竟然一直跌。回头看，中石油下跌过程中，大股东还分别在 2008 年 9 月、2009 年 9 月、2011 年 5 月、2012 年 5 月分别增持，某种程度上也代表大股东等相关方在当时情况下对其的价值判断吧。持续的下跌使得重仓持有的投资者损失惨重，以至于坊间流传，“问君能有几多愁，恰似满仓中石油”。

那么专业“股神”会不会不一样？巴菲特，这位可能最没有争议的股神、推崇深度了解目标公司和集中投资的世界顶级投资大师，也有马失前蹄的时候。其不仅会犯错，甚至在同一类型股票上反复犯错。例如巴菲特大约在 1989 年重仓全美航空，但持仓 6 年巨亏 75%。面对巨亏，股神并非无动于衷，从 1989 年到 1996 年间，在每年的致股东信中都会重提全美航空这笔投资，并称航空公司的定价和竞争策略简直就是在自杀。然而事隔多年，巴菲特却在 2016 年第三季度开始又买入四大航空股（注意，不是只集中买一只，而是全美国 4 只航空股一起买，是不是显示股神还是有适度分散投资的意识），但在 2020 年 4 月四大航空股因新冠肺炎疫情又大跌至阶段性谷底时，股神又选择了亏损卖出。再次卖出会不会再次犯错呢？吃瓜群众可以搬个小板凳。（相关内容请参阅本书第八章“关于组合的波动性控制”）当然，股神一生战绩辉煌，偶有失手，瑕不掩瑜；对于绝大多数普通投资者，投资失手的概率未必一定低于股神很多吧，如果过于集中甚至全仓，一旦判断失误，损失可能大到难以承受。

2. 过于集中使得组合选中大牛股的概率降低

据亚利桑那州立大学金融学教授昂德里克统计，自 1926 年以来，美股市场创造了巨大的价值，合计高达 34.82 万亿美元，但仅前 1092 家公司（约 4%）就完成了整个市场全部的价值创造。另有约 9000 家公司也创造了正的价值，但其余多达 15000 余家公司则扮演了价值毁灭的角色。大部分公司被交易所强制退市，其退市时的价值缩水超过 90%。昂德里克指出，在这近 90 年时间里的任意一个时点，美国股市中仅仅 0.33% 的公司所创造的财富就占据了投资者所创造的财富总额的一半。以现金收益衡量，美股的累计美元收益中的四分之三是由所有曾存在过的股票中不足 1.1% 的股票所创造的。这显示了残酷的现实：漫漫百年证券史，大多数普通投资者选中牛股的概率非常低，而选中价值毁灭股的概率非常高。

A股的情况亦很类似，长期作出价值正贡献的只是很少一部分股票。简单统计一下，截至2020年11月10日，过去十年全部1928只A股中涨幅大于年化10%（相当于累计收益率159%）的公司只有222只，占比11.5%；涨幅大于年化20%（相当于累计收益率519%）的公司只有60只，占比3.1%。截至2020年11月10日，过去十年沪深300全收益指数收益率74.41%，个股十年累计收益率跑赢指数的只有394只，占比只有20.4%。十年前的全部1928只A股，累计收益率大于0的有844只，占比43.78%，也即大多数（占比56.22%）的公司持有十年是亏损的。如果再考虑通货膨胀的影响，对比股价涨幅与广义货币M2涨幅（关于通货膨胀与股票收益的关系，请参阅第一章“股票为什么赚钱”），过去十年同期M2余额增长了2倍，年化增速11.88%，而同期十年年化收益率超过M2增速的个股只有167只，占比为8.66%，也即超过9成的个股股价涨幅不能跑赢M2增速。如果再考虑过去十年资产重组、壳价值对相当多股票股价涨幅的贡献，真正只靠主营业务收入和利润/现金流推动股价上涨占比就更小了。

2017年开始A股开始基于公司长期基本面的急剧分化，2020年注册制稳步推进，估计未来A股市场创造长期价值的个股数量占比也许不会超过5%，其中能提供倍数级回报的大牛股也许不超过1%。长期投资者组合中需要纳入超级大牛股才能取得好的长期收益率。持仓股票数目越低，组合中纳入这占比仅1%左右的大牛股的可能性就越低。如果适度分散，参见后文，持仓中哪怕只纳入一只大牛股，组合即可取得令人满意的收益率。

3. 集中持仓使得净值波动率很大，加大犯错率

太集中的持仓，必定造成净值波动率变大。

所有股票都会有波动，超级成长股也不例外。例如，全球最大市值公司苹果，曾经三次大跌 70% 以上。贵州茅台 2008 年下跌超过 80%，2012 年 7 月至 2014 年 1 月下跌 55%，2015 年下跌 43%，2018 年 6 月至 10 月在已经下跌 22.58% 的基础上 10 月 29 日开盘跌停一直到收盘，次日再次跳空低开 7.1%。低估值的价值股同样避免不了大幅波动，例如著名的“养老股息股”港股汇丰控股，其在历史上本就不乏较大的波动，最近的一次波动，2018 年至 2020 年 10 月，最大下跌幅度超过 60%。而这些都是好股票的例子，如果平庸的股票，甚至垃圾股，极端波动性和下跌幅度就更大了。

太集中的持仓，使得净值波动率太大，大的不利波动发生时，投资者必定会面临极大的心理压力，怀疑自己此前的投资逻辑，直至怀疑市场、怀疑人生，基本面优秀的股票都可能拿不准，普通投资者又缺乏完善的投资体系，一旦下车，没有及时重新上车，往往就看着爱股一骑绝尘，只能捶胸顿足，望洋兴叹。相关内容请参考阅读第八章“关于组合的波动性控制”。

同样，对投资组合人（基金经理）来讲，如果持仓太过集中，必然面临波动性加大的情况，也还可能面临较长时间较大落后基准或“大部队”（基金整体同业）的情况，这时候基金经理的情绪必定受到影响；同时，基金持有人的情绪也会受到影响，很有可能触发相当多基金持有人的赎回，或者来自基金管理公司内部的压力都很大，甚至基金经理的饭碗都会受到威胁。

4. 分散持仓使得买中牛股的概率大大增加

分散持仓的一个巨大的好处是，组合选中牛股的概率大大提高。统计意义上，投资者选中大牛股的概率应该是比较低的。如果只集中持有一只个股，由于选中牛股的概率低，则组合大概率绩效不佳（这是大多数散户投资者业绩不佳的主要原因之一）；而如果投资者持有几只至十几只个股，组合选中牛股的概率将会成倍增加。也即投资者全仓押中一只大牛股的概率，明显小于分散组合纳入多只个股，其中有一只至数只个股成为大牛股的概率。

在适度分散化的投资组合中，哪怕仅有一两只大牛股，其对组合收益率的贡献都是惊人的。形象化考虑，假定一个最简单的情形，如果投资者在 2007 年 11 月 5 日中石油上市第一天以收盘价买入中石油，如果一直持有中石油至 2020 年 9 月 30 日，则亏损 65.73%；如果投资者在当天是一半资金买入中石油，而以另一半资金买入贵州茅台，两只股票初始市值相同，一路持有至 2020 年 9 月 30 日，则组合的收益率是 6.56 倍，基本秒杀全部基金（同期最高基金复权收益率是 361.2%）。组合中的少数牛股贡献大部分收益率，这个在投资组合中是再常见不过了。

组合中持有的平庸股票的确会拖低组合业绩，而这个拖低，并不影响整个组合收益率达到优秀水平。别忘了，标的个股是不是大牛股，这是概率事件而不是确定事件。投资者事前并不能确定知道持有的哪只或哪些股票最后会成为平庸股票。

当然，这里需要指出，分散并不是指应当买入平庸股票。参见后文“分散持仓的每一只股票，都应当具有很好的预期收益率”。

总之，无论分散还是集中，投资者买入的个股能不能如期成为大牛股是一个概率事件，而不是确定事件。但是适度分散以后，组合纳入大牛股的概率大大增加，组合中只要有少数大牛股，该部分大牛股贡献的收益就可以抵消掉其余平庸股票的影响，而使组合最终取得靓丽业绩。

一方面，相对组合中最优秀的那只少数大牛股，整个组合的绩效相比会低不少，但是考虑到实现优秀业绩的概率，对大多数普通投资者而言，适度分散还是值得的。另一方面，投资者并不需要制订不切实际的投资目标，例如年化收益率超过 50%，这样高不可攀的目标。相关内容请参考阅读本书第九章“合理投资目标的设定及心理建设”。

投资大师芒格讲道：你不需要投资很多东西才会变得富有。笔者觉得不妨补充一句：如果你关注到的牛股多一点，也许可以更有把握、更轻松愉快地获得收益。

总之，对于大多数普通投资者，绝大多数情况适度分散应当要好于高度集中。那么什么叫适度分散，如何分散？这里列出我们的一些基本原则和方法。

三、基本分散原则和方法

1. 分散持有的每一只股票，都应当具有很高的预期收益率

显然，如果组合持仓的每只个股都是十倍股，那么整个组合的预期收益率也应当是十倍。如果一半十倍股，一半不涨不跌，则组合的预期收益倍数就是5倍。就是说，组合的预期收益率等于组合中单只个股收益率与该只个股所占权重的乘积之和。收益率低的持仓个股，将会拖低整个组合的收益率。很多投资者觉得这是分散的必然代价。

但实际上，我们可以有更好的选择，就是说争取只将预期收益率最高（也即是赔率最高）的股票纳入组合，而少投或不投预期收益率偏低（也即是赔率低）的股票。现实情况中，大多数投资者并不仅仅只关注一两只个股；机构投资者往往关注几十上百只个股；无论A股还是美股，历史上来看，收益率几十倍上百倍的牛股数量也足够多；投资者关注一组股票，往往事前并不知道未来一定是哪只股票收益率

更高，而更大的可能是，投资者会注意到有一组股票未来收益率可能会更高。如果明确觉得目标个股未来收益率偏低，从整个组合未来收益率的角度，当然就不应当将其纳入组合。

所谓适度分散，适度而不是过度，即不要因为过度分散，而使得组合的预期收益率大幅降低。不要为了分散，而将未来预期收益率过低的股票纳入组合。也就是说，我们的理念之一是尽量只参与大机会，而不在平庸机会上浪费资源。

这里实际上有个能力圈的问题。研究资源多的投资者，例如专业机构投资者，其更有机会覆盖到更多个股；而普通业余投资者时间精力等都有限，不太可能覆盖太多股票。每个投资者都面临自己能力圈的束缚。适度分散，应当是在能力圈决定的覆盖范围内针对高预期收益率（高赔率）证券的最大分散。

当然实际情况其实可能更复杂，需要更细致地分析和处理，例如会不会有这种可能性：投资者基于各种研究体系或方法，判断目标股票分别有 10 年 10 倍的、5 年 3 倍的、3 年 1 倍的、1 年 40% ～ 50% 的涨幅，以及上述各类型股票预期收益率实现的概率不同，这样的话，投资者还可以通过持股比例的不同，即头寸分配来进行组合构建和调整。

尤其对机构投资者而言，出于降低波动率的目的，或者控制对基金业绩基准的偏离或基金同业的偏离这样的目的，有限度地主动将预期收益率低一点的证券纳入组合，这也很常见，相当于为了实现分散，而主动付出一些预期收益率的代价。以成长型风格为主的彼得 · 林奇，也有头寸配置缓慢增长型股票、周期型股票等不同类型的股票上。但是，原则上讲，证券组合的大部分头寸，不应当配置于预期收益率过于平庸（低赔率）的证券上。

对于普通个人投资者，至少应当要分散持有多少只个股呢？考虑到时间精力等约束，通常持有 3 至 10 只股票也许比较现实。当持有股票数量很低例如只有三五只时，还可以通过控制股票资产占全部资产的比重来控制风险，例如将一部分证券投资资产投资于少数几只有信心的股票，另外一部分可以考虑配置证券投资基金。专业机构投资者当然可以有更多分散的选择。再次强调基本原则：尽量争取做到持有的每只个股，都有强烈的高收益率预期，在此基础上越分散越好。作为参考，芒格提到过：拥有 3 只股票就足够了；彼得 · 林奇则建议普通投资者买入 8 至 12 只股票，从而分散风险；《行为金融学》作者詹姆斯 · 蒙蒂尔研究指出，持有 2 只股票可以消除 42% 的非系统性风险、持有 4 只时可以消除 68%、持有 8 只可以消除 83%、 持有 16 只可以消除 91% 的非系统性风险。可见，专业机构投资者更有条件实现有效分散，这应该也是其一部分价值所在。

通过在这种高赔率原则基础之上的适度分散，投资组合有望有效抵御大概率发生的选股错误（非系统性风险），使得组合有更大的可能性选中大牛股，组合取得优秀绩效的可能性大大提升。

2. 大部分资产配置高胜率高赔率机会

上述分散原则，讨论的是证券的预期收益率，也即是赔率问题。而预期收益率的概率，也即胜率的问题，亦应当引起注意。所有预期事件当然都是概率事件。股票的高预期收益率能不能真正实现，亦是一个概率问题或曰胜率问题。

显然，高赔率高胜率的股票最完美，组合最好全部持有的是高赔率高胜率的股票组合。现实世界，普遍意义上，投资者事前并不能真正确定目标股票的未来预期收益率以及该预期收益率实现概率的精确值，而往往只是一个模糊的估计甚至感觉，这种测不准现象，是支持适度分散的最重要原因。投资组合的形成过程，就是投资者通过深度和动态研究，动态对比所有目标股票的赔率和胜率，尽量将资产配置于高赔率和高胜率的股票上。

还有一类机会是，目标证券胜率有限但预期赔率极高。这类案例往往出在新药研发企业、重大新技术新产品的公司。现在如日中天的科技巨头，在其早年刚刚推出新产品（现在早已是渗透率比较高的成熟产品）、市场渗透率极为有限之时，大多都归于此类机会。腾讯、阿里、微软、苹果、特斯拉等莫不如此。

自 2016 年年底前推行多年的 A 股市场，壳价值、资产重组概念很行。公司资产重组成功的话往往带来短期内的暴利，这种机会大部分也是胜率有限但赔率极高的机会。随着注册制的推进，这类资产重组类的高赔率机会整体上已经渐行渐远。

衍生品中的期权，往往能提供低胜率高赔率的很好机会。作为期权的买方，承担的下行风险有限（最坏仅是赔光全部投入的少量权利金），而上行空间极大，押注成功短期内可能取得几倍至几十上百倍的收益率。当然，低胜率，也就意味着大多数下注最后都可能亏损、直至血本无归，需要很好的头寸控制。著名的畅销书《黑天鹅：如何应对不可预知的未来》的作者塔勒布，在其投资中成功使用小头寸来交易期权、博取低胜率下的高赔率机会，也显示了这类投资机会的威力。这位概率应用和风险管理理论专家，推崇的投资配比是“80%～90%的零风险投资和10%～20%的高风险投资，放弃低效的中等收益投资”。

但是现实世界，很难说有绝对意义上的零风险投资品，极低风险的投资品种例如国债，收益率低到大多数股票二级市场投资者几乎心理上认为其等同于无收益；现实股票二级市场上也确实存在大量的高胜率高赔率机会，尤其对于有商业洞察力和远见的理性投资者，寻找数只乃至更多确定性比较高的超级大牛股，也不是高不可攀的梦想。

对于大多数普通投资者，比较切实可行的理性选择是将资产全部配置于高胜率高赔率的一组适度分散的股票（超级成长股）；专业选手还可以考虑用极低的头寸来博取低胜率高赔率的机会，条件具备时可以考虑利用这种低胜率高赔率的机会与主仓位进行对冲。

与上述分散原则和方法不同，某些数量化、高频率交易方式的量化策略，针对单独任意一个交易机会，对赔率的要求可能不是非常高，对胜率的要求不尽相同，采用极为分散的投资组合或高频率交易，当然这也是可能实现整体资产良好回报的另一途径。

3. 弱相关

显然，投资组合的分散，应当尽量分散在相关性很弱的个股上，持仓个股之间的相关性越低越好。通常，为实现这个目的，从不同行业板块方向去分散是最为常见的做法。实际应用层面，不应只简单粗暴地按某一行业分类来进行行业集中度控制，而应同时考虑按不同风格分类（例如价值成长、大盘小盘），以及更多参照实际情况进行进一步的分类，例如强相关的消费建材板块个股，分别分散在建材、化工、轻工等不同行业分类中，但由于产业逻辑相近、经营景气度相近，二级市场表现相关度较高，宜合并计算特定行业板块风控敞口。

除行业分散外，有条件的还可以考虑跨市场分散，例如A股市场和港股市场。

4. 能力圈的拓展

每个人都有自己的能力圈，每一个人的能力圈都有限，同一个人，年幼时、青壮年时和年长时，能力圈也都有显著差异。通过学习和实践，每一个人都有很大机会极大拓展潜在能力圈范围。在投资领域，投资者在当前时间点关注到的、深刻了解和理解的，未必就是最好的（非常了解某家公司一定不是应该投资该公司股票的原因）；视野拓宽以后，往往会发现天地更宽、机会更多。这就是广为流传的在舒适区工作、在挑战区学习的价值。在证券投资领域，真应了“书中自有黄金屋”的古话。

第八章

关于组合的波动性控制

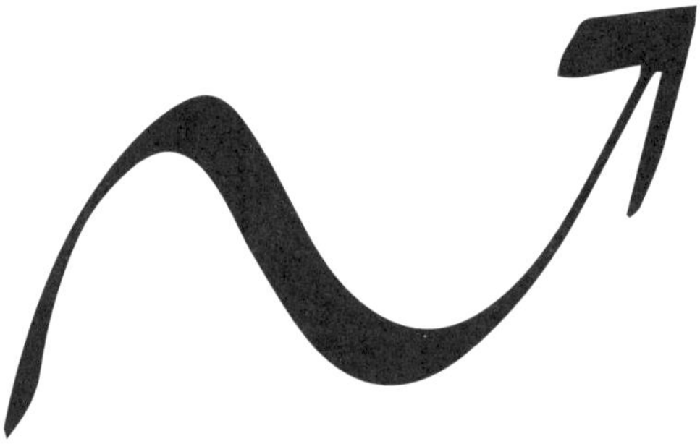

该不该控制波动率与能不能控制波动率是两个问题。该不该控制波动率在股票价值 / 成长投资派看来是一个常见的富有争议性的话题，很可能也是一个永恒的话题。很多投资者放弃波动率控制，很大原因是觉得难以控制波动率，或者为了控制波动率，在收益率方面的牺牲太大，这实际上是能力圈的问题和成本花费的问题，而不是该不该的问题。即使是在“该不该”这个层面，市场观点也截然不同。

一、代表性反面意见

持反对态度的投资者，大部分来自传统价值投资派，往往认为波动率不代表风险。这类观点，若论代表性，莫过于股神巴菲特和芒格。巴菲特关于波动率与风险的言论，流传最广的可能是来自伯克希尔·哈撒韦公司 1997 年股东大会现场问答一段话：“金融系教育学生：波动就是风险。现在，他们想衡量风险，但他们基本上不知道有什么办法来衡量风险。于是他们说波动就是风险。巴菲特并举例华盛顿邮报股价下跌，指该公司股价大跌因此波动率加大，以波动率衡量的风险指标上升了，但实际上以更低价格买入基本面没什么变化的好公司，风险应当是下降了而不是上升了。”巴菲特在伯克希尔 · 哈撒韦公司致股东的一封信中也说：“商学院多半将波动性和风险画等号。虽然这种书生气的假设让教学更容易，但这是错的：波动和风险不是一回事。一些流行的公式，将学生和投资者领入歧途。”芒格也曾说：“波动性是一个被过分打磨的概念。你不应该受困于波动性。” “公司理财界如此重视波动，在我们看来是无稽之谈。”“我们不在乎起伏的回报。”

笔者多年来非常认同巴菲特和芒格推崇的价值投资核心理念，不过在波动率控制的必要性这一点上，笔者看法还是有一些差异。

二、波动率控制的必要性

1. 波动性会放大情绪波动，影响投资者的理性思维能力

人类预测能力有限，不可能准确预见事件的未来发展，投资者预测错误的情形必然经常发生。当投资者持有的证券价格或基金经理持有的基金净值剧烈向下波动时，恐惧情绪将会逐渐放大，投资者首先会怀疑自己对市场或对标的公司的基本面分析出了问题，随着股票价格或基金净值进一步下跌，很多人从一开始死扛，到逐步难以承受心理压力，最后心理崩溃，作出失去理智的反应，如：对目标公司长期观点由多翻空，底部割肉；自信心受到打击，对原来的投资理念和方法产生怀疑，长时间迷失方向，难以重返正常清醒时的状态；清盘退出、誓言永不重返市场；等等。

股价或净值往上波动时，经常也有相当多投资者的贪婪情绪被放大，在高位加杠杆买入，一旦股价或净值发生不利波动，更易迅速陷

入恐惧直至崩溃的泥潭。

现实情况里，大多数涉市未深的投资者往往高估自己的波动承受能力。比如一开始投资者以为可以承受三四成甚至更大的下行波动，实际真回撤两成多时，看着财富数字的迅速下降，可能已经难以接受，很可能提前就已经止损出局；更要命的是，由于人的认知能力有限，下跌到起初本以为没事的幅度时，大多数情况下投资者并不能确信是否已经止跌或即将止跌，这时候恐惧心理往往急剧飙升，本来的多头理由全部都被忘掉或被忽视，本来不信的空头理由迅速占领心智。而大的回撤波动产生的时候，往往也是投资者最恐惧的时候，往往就是最需要理性思考和决策的时候。

对于基金经理而言，基金净值向下波动太大，或者基金净值不利波动超越市场整体或同业太多，也很容易引发恐惧心理，甚至会怀疑自己投资体系的科学性。

因此，波动率指标也许可以说不是风险本身，但过大的波动率指标本身就带来了风险——影响投资者理性决策的风险。

2. 并不是所有投资者都能够承担大波动

现实情况下大多数投资者、大多数资金，只愿承担有限的波动率，哪怕为此牺牲收益率。例如，截至 2020 年年底，中国金融机构住户存款余额为 93.44 万亿元，而全部开放式股票型和混合型基金值规模之和才 6.42 万亿元，也就是说超过 80 万亿元的资金宁愿趴在银行账户吃低息也不愿承担风险买股票。哪怕同是开放式基金，低风险低收益的货币基金总规模为 8.05 万亿元，也明显大于刚刚经历发行大年的全部股票型和混合型基金净值规模 6.42 万亿元。可见大多数投资者就是不愿承担过大的波动率，这是市场使然、人性使然，忽视客观存在的广泛投资者群体的波动率控制需求显然是不明智的。另外，现实中还有相当多的投资者，有一定的波动率承受能力，同时又想要一定水平的中长期回报率，因此，能将波动率有效控制在一定范围内的基金，哪怕收益率有限，往往也获得大量投资者的追捧；历史波动率非常高的基金，面临的赎回压力往往比较大。对此，市场上亦不乏相应案例。

3. 发生太大不利波动时，资产流动性受影响

现实世界，投资机会层出不穷。好的投资机会的出现是离散和随机的，对很多人来讲，很多时候好的投资机会往往稍纵即逝。当不利方向的大波动（下跌）发生时，大部分情况下，股票价格或基金净值要反弹回去，会花费较长的时间。如果这时候投资者恰好发现有其他很好的投资机会需要资金，而任何投资机会都具有不确定性，加上情绪原因，决策难度更为加大，很可能错失也许是更好的投资机会，也即机会成本损失可能会很大，这反过来往往又会进一步影响投资者情绪。

4. 对代表性反面意见的评论

固然对价值 / 成长投资者而言，股票价格的波动与企业基本面的变化很多时候是完全背离的，两者相对变动在短期内有相当大的随机性，而长期股票价格必将恢复内在价值水平，从这个角度，股票价格波动并不是真正的风险。但是股票波动大的时候，任何人都会面临恐惧。

股神能不能做到毫无恐惧？巴菲特自2016年开始买入美国四大航空股，最后一笔买入是2020年2月27日，由于百年未遇的新冠肺炎疫情的冲击，在接下来的3月，全部航空股开启暴跌，3月10巴菲特接受采访还公开表示“不会出售航空公司股票”，但以长期投资著称的股神，在接下来4月份航空股跌至最低位附近时清仓亏损卖出了全部航空公司的股票，至2021年5月美国四大航空公司最新股价相较2020年4月低点普遍上涨约一倍。巴菲特解释卖出航空股的交易时说：“新冠改变了我对航空公司看法，不清楚未来三四年人们是否会像去年那样坐飞机，而航班现在太多了。”而在2008年10月17日（上一次金融海啸市场最恐慌的末期），巴菲特在《纽约时报》发表文章，其中有这么一段：“长期来看，股市将会好转。在20世纪美国经历两次世界大战和其他大规模的战争，经历过衰退，多次的衰退和金融危机、石油危机、流行疾病和总统因丑闻等事件。但道指却从66点涨到了11497点。”睿智的股神其中特别提到了“流行疾病”，相信股神一定知道100年以前的西班牙流感，约5亿人感染，2500万到4000万人死亡（当时世界人口约17亿人），当时没有特效药，没有疫苗，大约两年不到的时间，世界恢复正常。现在股神因为担心新冠疫情，至少是在阶段性底部割肉了持有近4年的、持续加仓的航空股，有没有受到下跌波动带来的恐惧心理影响？读者朋友可以自行揣摩。当然，就算偶有失手，股神仍然是股神。重要的是，股神已经是数十年来极为罕见的神级人物，有多少人能够做到股神数十年如一日的冷静和理性呢？因此，适度控制波动率，对绝大多数普通人而言，意义重大。

对投资组合人（基金经理）来讲，波动率的控制往往也是生死攸关的重大事项，组合波动率如果太大（远高于基准、或远高于同业），会面临两个问题：首先是自身的情绪问题，其次是基金持有人的情绪问题，还有基金管理公司内部的压力。如果基金持有人忍受不了过大的波动，选择赎回，或者基金公司内部压力传递，也许基金经理也就丢掉了饭碗。

总之，波动率确实不等同于风险，但波动率可以作为一个衡量风险的指标，指标是否能发挥正确作用，取决于使用它的人是否能正确理解和使用。

三、波动率控制的几个现实问题

1. 波动率控制与收益率的非线性关系

对于追求很高收益率的投资者来讲，承担相对比较高的波动率几乎是必然；但是不等于说，承担了高的波动率，就必然会有高的收益率。现实情况常常是，波动率很高的基金，长期收益率反而可能比较低。

另外并不是控制了波动率，长期收益率就一定会显著降低。在适度、成功控制波动率的情况下，极端不利波动的情形显著减少，则投资者非理性决策的情况减少，犯大错的情况减少，从而组合长期绩效可能得以有效提高。

因此，波动率的控制只能是采用一个模糊的适度原则，因人因情而定。基本目标应当是使投资组合不至于因为波动而遭遇毁灭性打击，如爆仓，不至于使投资人过于恐慌而影响理性决策，不至于牺牲太多收益率。

2. 安全垫与波动率

投资者关于净值波动的承受能力通常与投资组合已经实现的浮盈或浮亏有关系。浮盈越高，波动率承受能力越高，浮亏越多，波动率承受能力就越低。

由于人们的认知规律特点（相关内容请参考阅读本书第十一章“经验能赚钱亦能赔钱”），收益率安全垫变厚之后，通常心理上会觉得已经有安全垫，净值离本金还远，同时对自己的投资能力自信心会大大提升。这种情况往往蕴含比较大的风险，因为这使得投资者可能疏于下行波动控制，而实际情况是不论安全垫高低，回撤发生的概率并没有什么不同，且同样的回撤率，要回到高点往往都殊为不易。

3. 过度控制波动率的代价

收益来自风险承担。如果完全不想要波动率，就只能持有现金类资产，几乎没有收益。如果想非常严格控制波动率在极小幅度内，那么收益率的牺牲往往非常大。

证券投资，试图将波动率控制在三五个点甚至更低的目标，实际上大多数时候没有必要，因为可能会牺牲太多的收益率。2014 年笔者采用市场中性策略将波动率控制在大部分时间只有一两个百分点的水平，当年 12 月由于占指数成分大头的金融股异动，全市场的市场中性策略产品在 2014 年 12 月均出现大幅回撤之时，笔者市场中性策略的回撤率也仅仅只有约 5%，居于同业差不多最低水平，看起来回撤率控制很成功，然而这样控制回撤在后面亦付出高昂代价：2015 年股指期货基差从深水下降到贴水两个点左右，笔者担心基差回升影响回撤率，遂停止了市场中性策略的运行，但实际上后来贴水进一步下降到了惊人的二十几个百分点（也即坚持策略运行仅仅因为受益于基差变动即可带来约 20% 的收益率），而且更为重要的是，后面的阿尔法盈利水平亦达到有回测历史以来的最高值，如果坚持运行，阿尔法本身在接下来不太长时间即可至少贡献 20% 的收益率。事后来看，对回撤控制的不必要的过度追逐，导致错失了巨大的阶段性获利机会，实际上得不偿失。

尤其对于追求长期收益率最高的股票型基金，由于基本面和股价的波动往往都很剧烈，因此，适度放宽波动率控制目标，有助于从容应对投资者比较有长期信心的投资标的短期波动的不确定性，确实有益于长期收益率的提高。

四、波动率控制的几个常见思路

1. 产品设计层面区分不同波动率需求与风险敞口的关系

如针对长期高收益的需求，可以设计永远股票高仓位的股票方向产品；针对能承受相当波动率但对极端下行风险有所控制、同时又希望有不错的中长期收益，可以考虑设计股票仓位可以变化的择时产品线；针对波动承受能力低、收益要求不高的需求，可以考虑设计使用股指期货等衍生品的对冲型的市场中性产品线等。

2. 对杠杆高度谨慎

广义杠杆包括融资融券、借贷以及期货期权等衍生品本身的保证金制度带来的杠杆效应。杠杆使得投资者赢时大赢、亏时大亏，放大净值的波动率，也放大了贪婪和恐惧，在不利波动发生时，杠杆的放大作用常常是致命的，太多投资失败的案例，只是因为使用了杠杆、或者没有控制好杠杆。传奇的趋势投资开山鼻祖、“百年美股第一人”利弗莫尔，使用杠杆，投机生涯数度破产又数度东山再起，最终结局还是免不了财富湮灭。价值投资鼻祖格雷厄姆也曾因带杠杆抄底而濒临破产。除非有很好的系统化头寸管理技术，普通投资者应当远离杠杆。在证券市场，优秀的投资人不需要杠杆也能稳健取得长期优异收益率，业余投资人使用杠杆极大概率只会带来财富毁灭。关于杠杆，相关内容参考阅读本书第十章“远离毒品，远离高杠杆”。

3. 控制大类资产的比例

对基金管理人，为特定波动率控制需求，有意识地控制股票仓位，以及控制其他具有高波动特征的资产比例，这是控制波动率最直接最有效的方式。

家庭财富的大类资产配置比例应当有所分散。股票和股票型基金、固定收益和有良好收益或增值前景的固定资产，应当视自身情况和投资目标的不同而制定不同的分散方案。以获取中长期资产增值为主的投资目标，应当考虑将大部分资产配置于优秀的股票组合或股票基金，因为优质股票资产是长期最好的资产。相关内容请参考阅读本书第一章“股票为什么赚钱”。

而鉴于风险、波动率控制需求和流动性需求，家庭资产无疑也需要配置相当数量高流动性的金融产品，例如银行存款、货币基金或比较安全、流动性好的其他固定收益产品。

4. 投资组合的适度分散

将投资组合适度分散至持有尽量弱相关的证券。

持仓个股集中度控制：例如前一大重仓、前三大重仓、前五大重仓、前十大重仓分别规定一个比较严格的最大持仓比例。

持仓行业集中度和风格集中度控制：例如同样规定前一大行业、前三大行业的最大持仓比例，注意不要只机械按某一行业分类来进行行业集中度控制，而应同时考虑按不同风格分类（例如价值成长、大盘小盘），以及更多参照实际情况进一步地分类，例如强相关的消费建材板块个股，分别分散在建材、化工、轻工等不同行业分类中。

严格控制衍生品比重：高波动的期货期权等衍生品尽量谨慎甚至弃而不用。

投资组合适度分散的相关内容请参考阅读本书第七章“投资组合的分散与集中”。

5. 不同波动率的证券赋予不同权重

原则上，波动率比较高的证券持仓比重应当比较低，而波动率比低的证券，持仓比重应当可以略高。需要注意的是，个股过去的波动率不代表未来的波动率，波动率本身可能会有很大变化。例如 2021 年春节以后，A 股市场上过去长期波动率都很低的白酒、医药行业龙头股在短短一个多月的时间里纷纷下跌 30%，甚至 50%。

6. 个股层面的止损

重仓个股大幅下跌时，可以考虑暂时止损，待情况明朗以后再重新买回。所有股票都会有下跌的时候，哪怕超级大牛股都会出现基本面利空下跌的情况。每一次下跌，投资者都应当对持仓公司进行重新审视和评估。有的公司下跌以后会重新涨回去创新高，有的公司跌下来可能就再也涨不回去了。就算是可以再重新创新高的好公司，如果有完备的基本面评估和止损交易系统，就算是止损错了，也可以再买回来。对于以十倍涨幅计的大牛股，错过一小段涨幅，也不会有难以接受的损失。关键是要有完备的系统性的评估、止损、买回的方法，以及这个系统性方法要有足够的容错性。对于很多普通人来讲，低位卖掉基本就等于高位不能再买回来。突破这个限制就有机会设计一个更完备的系统化的闭环投资决策体系。相关内容请参考阅读本书第四章“聪明的成长股趋势跟随”。

第四部分

合理投资目标设定及心理建设，远离高杠杆

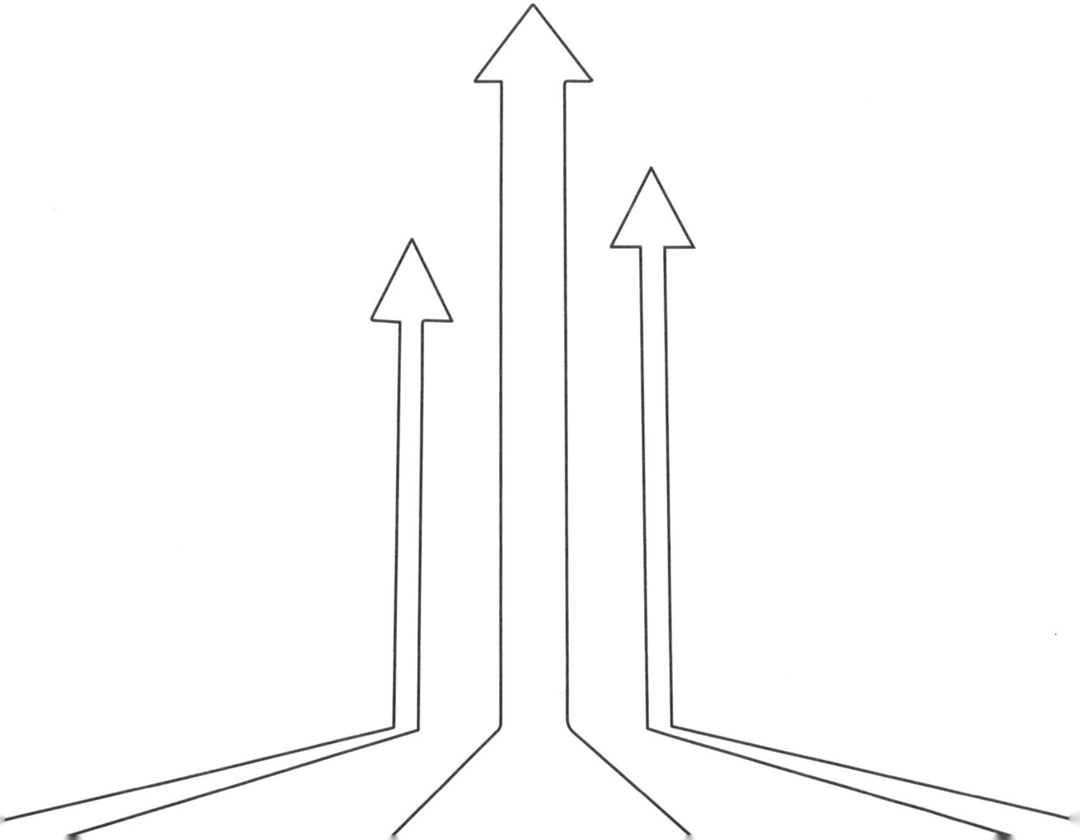

第九章 合理投资目标的设定及心理建设

在证券投资方面，你想要多高的年收益率？长期年化 50%——不是一年 50%，是 5 年、10 年以及更长时间年化 50%？笔者也想要，不过笔者深知这不现实。如果投资者定下这样的收益率目标，则几乎必然长期陷入没完没了的紧张、失落、焦虑状态。在证券市场，期望值过高往往是投资者焦虑的最大源泉。

其实证券投资的投资目标具有多元化特点，并不简单停留在绝对收益率这一个指标。其他重要指标还有相对排名、收益率回撤、人生不同年龄和境遇情况下的不同目标等。本章旨在总结常见的设定投资目标需要考虑的主要因素、探讨什么样的投资目标相对比较合理以及相应心理建设。

一、收益率目标

收益率目标，当然指的是长期收益率，而不是短期。短期收益率不能预示长期，后文对此将会进一步讨论。

长期，通常指 10 年以上。长期角度收益率目标当然是首要目标。我们先看看证券市场上比较有代表性的一些长期投资收益率情况。

1. 投资大师们的长期收益率

这里收集了一些证券史上最著名的投资大师们的收益率情况。价值投资之父、《证券分析》作者、巴菲特等投资大师的老师格雷厄姆，30 年年化复合收益约 20%；巴菲特，世界价值投资超级偶像，55 年年化复合收益率约 20%；沃尔特 · 施洛斯，巴菲特的同门师兄（均师从格雷厄姆），47 年年化复合收益率费前约 20%（费后约 15.3%）；彼得 · 林奇，著名基金经理、成长股投资大师，13 年年化复合收益率约 29%（同期巴菲特的年化复合收益率与此相当）；著名基金经理朱利安·罗伯逊，20 年年化复合收益率约 25%；戴维斯家族，47 年年化复合收益率约 23%；约翰·聂夫，著名基金经理、低市盈率投资大师，31 年年化收益率 13.8%；爱德华·索普，量化对冲投资教父、市场中性策略开创人、第一个通过算牌战胜赌场的人，20 年年化复合收益率 19.1%……

看起来，长期年化复合收益率 13% 以上，已经可以跻身世界投资大师之列了，长期年化复合收益率达到 20% 已经是世界顶级投资大师的水平。然而在现实情况下，在相当多数普通投资者心目中，20% 也许只是微不足道的收益率！

2. 中国公募基金的长期收益率

股票和股票基金是长期回报最高的大类资产。相关内容请参考阅读本书第一章“股票为什么赚钱”。

统计全部共 398 只 2011 年之前成立的主动型股票型和偏股混合型基金在 2011—2020 年十年的长期年化收益率，其分布如下图所示。

主动型股票基金、混合型股票基金
2011—2020 年十年期年化收益率分布

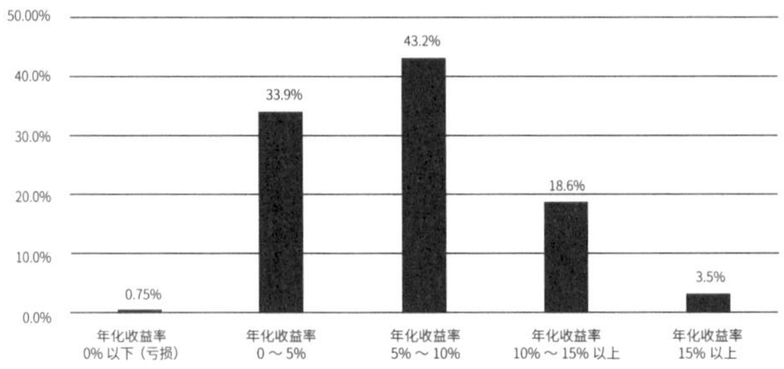

全部 398 只基金的平均年化复合收益率约 7.7%，大部分基金（占比 43.2%）的长期年化复合收益率介于 5% ～ 10%，超过三分之一的基金长期年化复合收益率低于 5%，只有不到四分之一的基金获得了年化 10% 以上的长期年化复合收益率，年化复合收益率超过 15% 的基金数量只占基金总数的 3.5%，超过 20% 的基金只有一只，其年化复合收益率为 21.48%（该基金该期间内基金经理变更过两次）。

由此看来，投资于股票和偏股混合型基金的长期年化复合收益率，设定在 10% 以上已经是比较有挑战的目标了，最高目标也就只能定位在 20% 左右。如果投资者想要获取更高的收益率怎么办呢？或许，自己做个超级基金经理，买入持有超级大牛股，会不会是可行方向之一？让我们看看超级大牛股的长期年化复合收益率。

注：关于上述基金长期收益率的统计，收益率计算起始点不同可能对结果有一定影响，但不足以影响结论。其中，起始点如果选择在 2005 年指数最低点，以当日之前成立的全部主动型 80 只偏股型和股票型基金来看，整体基金年化复合收益率将会上升到 11.63%。但 2005 年正是近 5 年大熊市尾部、彼时股权分置改革使 A 股普遍具备 10 股送 3 股的政策红利、基金数目比较少代表性有限、股市规模有限等等特殊情况。因此不宜选择 2005 年熊末牛初之时作为收益率计算起始点，正如不应选择 2007 年大牛市末期作为起始点。

3．超级大牛股的长期收益率

基本面推动的超级大牛股应当是所有资产类别里长周期内回报率最高的资产，因为超级大牛股在很长时期内给经济社会提供了最有竞争力的产品和服务。相关内容请参考阅读本书第一章“股票为什么赚钱”。

超级大牛股的长期复合收益率是什么情况呢？先看 A 股的情况。以全部 A 股上市公司上市首日价为买入价持有至 2020 年底，前二十大牛股（剔除了异常情况的几只重组股）的长期年化复合收益率情况如下：

A 股前二十大牛股自上市以来至 2020 年末的年化收益率

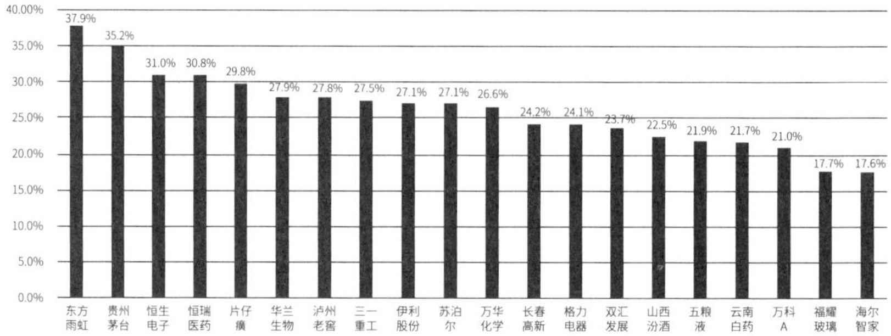

上表显示，只要长期年化复合收益率达到“区区”18% 左右，就可以进入 A 股前二十大超级大牛股行列；A 股历史上前二十大超级大牛股的年化复合收益率的中位数大约是 27%、算术平均值是 26%、最高值是 37.87%。投资者再有自信，不能假定自己的投资组合全部股票都成为 A 股前二十大牛股吧！

那么海外市场的情况怎么样呢？我们来看看最近几十年最著名、差不多也是收益率最高的几家超级成长公司 FAAMG——脸书公司（FACEBOOK）、苹果公司（APPLE）、亚马逊公司 (AMAZON)、微软公司（MICROSOFT）、谷歌公司（GOOGLE），这几家公司自上市首日至 2020 年末的复合年化收益率如下图所示：

FAAMG 自上市以来至 2020 年末的年化收益率

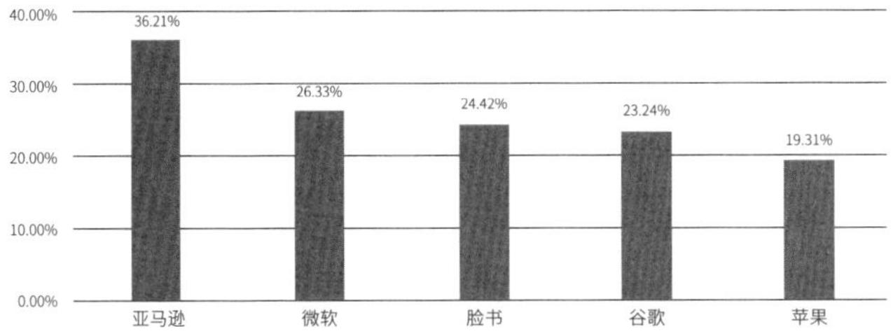

这五家最为著名的高科技高成长公司，长期年化复合收益率算术平均值“不过”25.9%、最高值“不过”36.2%。

上述这些资产，应当可以说是全球范围内最优秀的股票资产了，可以看出证券市场上超过 20% 的长期年化复合收益率是多么不容易！普通投资者如果一上来就确定长期年化复合收益率超过 20% 的投资目标，无疑是给自己定下了一个超越正常大多数人极限的目标。

4. 还有更高的长期收益率吗

答案是有，但是极个别、几乎不可复制。

数学家西蒙斯创办的文艺复兴技术公司旗下的大奖章基金，从 1988 年至 2020 年末，复合年化收益率费前约 66%（费后约 39%，其固定管理费 5%、业绩报酬 36%），应当是证券史上前无古人的神话般的收益率了，而且这个收益率水平看似仍在继续。大奖章基金使用复杂的计算机程序交易数千只证券，外人无从知道其交易获利原理。有意思的是，创造业绩神话的大奖章基金只对文艺复兴公司内部员工开放，而同为文艺复兴公司旗下的对外开放的“文艺复兴机构股票基金（Renaissance Institutional Equity Fund）、文艺复兴机构多元化阿尔法基金 (Renaissance Institutional Diversified Alpha fund)”及“文艺复兴机构多元化全球股票基金 (Renaissance Institutional Diversified Global Equities fund)”历史业绩表现却极为一般。例如，2020 年上述三家基金都产生大幅亏损并因此遭遇巨幅赎回，2020 年上述三只基金亏损幅度分别为 22.62%、33%、30%，但同期大奖章基金的收益率高达 76%。

可以合理推论，大奖章基金神话般的盈利能力也许只能在有限的资金范围内实现，创造神话的文艺复兴公司团队至少在接近传统股票投资方面很难复制他们自己在大奖章基金上的成功投资策略，否则很难解释其除了大奖章基金以外的其他基金的平淡表现。因为，如果大奖章基金的投资策略可以被无限、简单复制，文艺复兴科技公司有什么理由不采用与大奖章基金相同的投资策略呢?

另外，大奖章基金的团队以一流科学家为主，其“壁虎式”投资策略和盈利原理也明显区别于传统意义上的股票价值 / 成长投资。特别是，大奖章基金的收益率在整个证券市场上并没有代表性，市场上并未看到有其他机构、基金能够实现长期超越 20% 至 30% 区间的年化复合收益率的例子。普通投资者更是大可不必将自己的证券投资目标设定在 30% 这样的顶级大师的高位水平。

5. 加杠杆可不可以提高长期收益率

由前面“中国公募基金的长期收益率”部分可以看出，过去 10 年中国股票型和偏股型证券投资基金的长期年化收益率超过 10% 的虽然占比不是很大（占全部偏股和股票型基金总数的 22.1%），但绝对数量也不少（共有 88 只），聪明投资者选中并长期持有这 88 只基金中的某一两只还是有相当可能性的。如果预期长期年化收益率 10%，加杠杆不就可以将收益率放大了吗？例如，对于 10% 的年化复合收益率，加一倍杠杆，就可以将年化复合收益率提高到了 20%，就可以稳稳进入世界顶级投资大师之列，岂不美哉？

可惜世上没有这样的好事。长期杠杆很难说能带来长期超额收益，长期高杠杆的结局大部分是最后一无所有。原因是，证券市场上，股票、基金发生接近甚至超过 50% 的最大回撤是常态，在高杠杆状态下，一次猝不及防的大回撤就可能使投资者爆仓，使得以前长期积累的收益清零；此外，杠杆会加大投资者错误决策的次数，使得长期收益率因为错误决策增多而受到负面影响，因为杠杆使人紧张，不利波动发生时甚至夜不能寐，贪婪和恐惧是人的天性，在情绪焦虑尤其是恐惧情绪之下，投资者更难作出理性判断，而通常情绪最焦虑之时，正是市场波动最大之时，正是需要投资者最理性决策之时。另外，杠杆往往有财务成本，长期使用杠杆的财务成本可能会显著削弱长期收益率。关于杠杆相关内容请参考阅读本书第十章“远离毒品，远离高杠杆”。

因此加杠杆不是提高长期收益率的助推器，而往往是财富毁灭机。

6. 阶段收益率的非均匀分布及投资者在不同市场阶段投资目标的漂移

基金市场销售渠道的常见营销方法之一是宣传优秀短期收益率、优秀年度收益率。销售人员当然是在使用最能打动最大量客户的宣传推广方式，而聪明投资者可以自行作出理性判断，以减少被误导的概率。实际上，证券投资业绩当然不能将短期收益率简单年化推导年度收益率，也不能将年度收益率简单推导长期年化复合收益率。因为收益率的时间无论在交易日尺度、还是在年度尺度上来看，都不是均匀分布。

例如对整个A股市场，过去整整20年，沪深300指数涨幅最高的10个交易日将会贡献接近59%的收益率，假如错过这涨幅最高的10个交易日，则沪深300指数年复合收益率将从11.5%下降到6.8%。因此，可以说少数交易日贡献了大部分收益率。

指数收益率的年度非均匀分布就更为直观，不言自明。

这里谈点题外话：上述数据有不少机构使用来证明长期持有的重要性，理由是如果错过少数指数收益率最高的交易日就错过了大部分历史涨幅，“打雷的时候你必须在场”。但实际上这个逻辑不太站得住脚，因为对于择时投资者，择时可能错过收益率最高的那些交易日，但也有机会躲过跌幅最大的若干交易日。如果投资者能成功躲过“打雷的”那几天，也就是说跌幅最大那几天，则累计收益率会显著提升。还是以沪深300为例，如果去除收益率最差（下跌最多）的十个交易日，则过去20年指数年复合收益率将从11.5%上升到16.53%。如果同时错过指数涨幅最高和跌幅最多的十个交易日，则沪深300指数的年复合收益率几乎没什么变动。下图可以更直观地看到2002—2020年沪深300指数的平均年化收益率。

2002—2020 年沪深 300 指数共 19 年的平均年化收益率统计

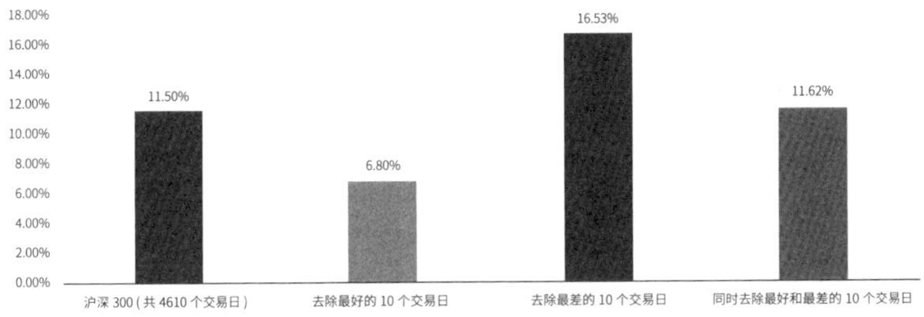

当然笔者这里并不是说赞成频繁择时，只是对市场流行观点的一点点事实补充。该不该择时、能不能择时、要不要长期持有等，本书篇幅有限，不做具体讨论。对这些问题的部分相关观点请参考阅读本书第五章“长期持有的梗”。

中国公募主动股票型和偏股混合型基金的投资收益年度分布情况又是怎样的呢？请看下图：

股票型和偏股型基金2011–2020年年度收益率

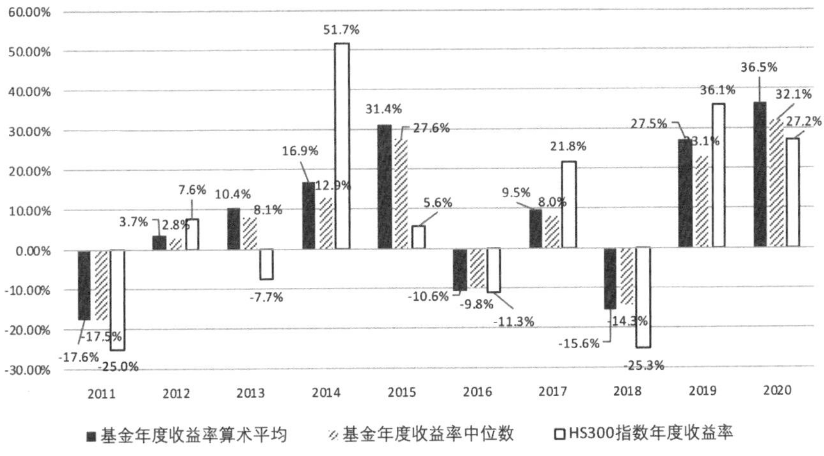

全部公募主动股票型和偏股混合型基金，中位数收益率与算术平均收益率基本相当。以算术平均收益率来看，基金收益率年度分布非常不均匀，2015 年、2019 年、2020 年这三个年度是基金收益率大年，而其他年度收益率表现都比较平淡，其中过去十年中有三个年度产生了亏损。

年度收益率分布的不均匀，意味着投资者需要放低预期，不要简单将短期收益率常态化、长期化。从公募基金的实际销售情况来看，普通基民的基金购买行为是在股票市场和整体基金大涨相当一段时间之后才爆发式集中申购，往往就会买在一个阶段性的相对高位，然后较长时间承受回撤的烦恼。

由于 2019 年、2020 年公募基金算术平均收益率分别取得 27.54%、36.47%，假定未来股票型和偏股型基金的长期年化复合收益率是 10% 左右的话，进入 2021 年，整体意义上讲，确实投资者是应当考虑开始降低对中短期基金收益率的预期了。当然，也不排除会有少数优秀基金或投资风格正好适合的基金，可能会在接下来继续创造良好收益。

对于股票和基金的收益率非均匀分布特点，投资者能做的只能是淡化短期目标、强化长期目标，在市场热度低迷时保持长期信心，而在市场情绪高涨时保留一分清醒。

在现实市场环境里，相当多普通投资者的投资目标是漂移不定的。牛市里可能一年 50% 还不满足，而熊市里还希望能取得正收益。天下哪里有这么好的事呢？除了连自己都不能扩展复制自己的大奖章基金（该基金只有 1989 年单年度费后收益率为 -4%、费前为正，其余 30 余年年度收益率全部为正），历史上没有任何人能做到这样的阶段收益率分布。投资目标的漂移，本质上是贪婪心理的无节制放大。投资者可能需要先正视自己是人不是神的现实，然后再来探讨自己是正常人、普通人还是超人。

二、同业排名目标

1. 同业排名目标的科学性

证券投资的绝对收益率目标并不完全能涵盖投资绩效评价，因为绝对收益率受证券市场牛熊环境、宏观经济和通货膨胀环境的影响。通俗地说，如果遇上传说中的十年大牛市，指数上涨了 200%，物价上涨了 100%，股票或股票基金的投资者收益率 100%，这个不能说是成功投资吧？投资者应该不大会满意这个投资结果吧？

这个例子显示了相对指标的重要性。显然，相对业绩基准（通常是某个市场指数）、相对同业的收益率排名（下文简称“同业排名”）可以剔除掉综合市场环境的影响。其中，由于同类型基金的业绩基准设置大同小异，因此同业排名结果，基本就已经涵盖了大部分相对业绩基准的排名结果。换言之，总体上仅同业排名指标即可有效剔除投资绩效评价中综合市场环境的影响。

实际上，同业排名这个指标，对基金经理和个人投资者而言也许是最重要的指标。领先市场、领先同业，才能证明绩效优秀。现实世界中，相当多时候人们的满足感来自“比别人更优秀”，投资于基金也是，相当多投资者的满足感来自收益率要好于多数投资者。长期同业排名就是量化的相对比较指标。

另外，当熊市来临，通常大多数投资者和股票及偏股型基金都难以躲过系统性风险的冲击，但实际上，一般意义上也并不需要也不可能“全部躲过”，只要下跌幅度不比大盘（某个宽基指数如沪深 300 指数）高很多、不比业绩基准高很多、不比同业普遍水平高很多即可。

那么合理的同业相对排名指标应该是怎样的呢？年度排名前列才是好基金吗？年度排名前二分之一这个目标是不是太保守？

2. 合理的同业排名目标

（1）不争短期优秀

芸芸众生，第一名只有一个，争第一对几乎所有人来讲是不可完成的目标，因此不争第一很容易理解。为什么不争短期优秀呢？因为证券投资不确定性太大，尤其是中短期（例如 1 至 3 年），市场风格、公司基本面、组合调整情况……太多的因素具有太大的偶然性，投资者通常无法对短期目标有很大的把控能力。想要短期排名优秀，很容易使投资者陷入焦虑状态，影响投资管理的理性思考能力。

从实际情况来看，短期跑得快的基金大概率接下来可能有一个明显回撤。统计 2011 年以来所有公募偏股型和股票型基金的排名情况，可以发现，单年度排名前十的基金，不但并未显示出后续单年度的持续高排名，反而很可能会在接下来的年度掉入年度排名后二分之一，如下图所示：

（2）中短期平庸不碍长期优秀

每年年度同业排名前二分之一，这个投资目标是不是太过平庸？非也，不是太平庸，而是太有挑战性！统计 2011 年初之前成立的所有 398 只主动股票型和偏股混合型公募基金，从 2011 年初至 2020 年末十年间，只有一只基金的收益率一直排列在当年所有主动股票型和偏股混合基金的前 50%，十年累计净值收益率 472.41%，年化收益率 19.06%。该基金十年的累计收益率排名是第 3 名（3/398）。值得注意的是，在上述统计时段内，该基金更换过两次基金经理——这差不多意味着，同一基金经理管理的基金连续十年同业排名前二分之一还没有在 A 股市场出现过！

证券投资某种意义上可以说无过就是功。尽量摆脱短期排名诱惑，更有利于保持良好心态，在个股研究、组合风险控制等方面做得更好，从而减少犯大错的概率，长期绩效遂得以提高。

（3）中短期排名落后很要命吗

这里统计了十年同业排名前十的基金其年度排名情况如下表（统计口径：2011 年初之前成立的所有 398 只股票型和偏股型公募基金，总排名从 2011 年初至 2020 年末累计收益率排名，年度排名指该年度内上述 398 只样本基金内的排名）：

十年总排名	2011年排名前百分位	2012年排名前百分位	2013年排名前百分位	2014年排名前百分位	2015年排名前百分位	2016年排名前百分位	2017年排名前百分位	2018年排名前百分位	2019年排名前百分位	2020年排名前百分位
排名第1基金	63.3%	49.2%	4.8%	9.8%	1.5%	37.4%	6.5%	85.7%	4.3%	4.3%
排名第2基金	52.5%	1.5%	2.5%	36.2%	8.5%	81.7%	8.3%	81.2%	0.5%	28.9%
排名第3基金	18.6%	25.6%	24.6%	25.9%	18.6%	1.0%	14.1%	31.2%	21.6%	8.3%
排名第4基金	40.5%	91.7%	23.1%	66.6%	51.5%	0.8%	0.3%	80.9%	1.8%	5.8%
排名第5基金	0.3%	91.0%	39.9%	11.6%	3.8%	4.0%	45.2%	0.8%	23.4%	49.2%
排名第6基金	87.4%	31.9%	43.7%	15.8%	53.0%	0.5%	0.8%	44.0%	6.5%	6.0%
排名第7基金	62.6%	2.0%	2.8%	28.6%	0.8%	74.1%	17.6%	94.5%	12.1%	21.1%
排名第8基金	52.0%	31.4%	26.9%	10.6%	31.9%	80.4%	0.5%	94.0%	1.0%	4.5%
排名第9基金	60.6%	98.2%	3.5%	9.5%	34.9%	65.6%	4.5%	76.9%	2.3%	9.0%
排名第10基金	55.8%	33.9%	41.5%	1.5%	37.2%	1.8%	6.8%	71.1%	18.6%	35.2%

由上表来看，过去十年累计同业排名第十的基金，有 9 只基金都出现过单年度排名掉入后 30% 的情况，有 4 只基金出现过单年度排名掉入后 10% 的情况，有 5 只出现过两个年度的单年度排名掉入后 30% 的情况。

可见，即使是市场排名前十的优秀基金，也极大概率免不了会出现单年度排名落后甚至大幅落后的情况。

因此，对基金管理人来讲，实际大可不必因为个别年度排名落后而过度情绪低落进而影响理性决策，短期排名落后时积极的做法应当是保持冷静和理性，加大组合审视力度，审视组合的长期逻辑是否成立，组合是否过于不平衡，是否需要及时调整组合等；对于投资人或基金持有人来讲，则不应轻易因为个别年度排名落后而放弃目标基金，而应更多关注基金经理投资理念和风格、最新观点是否认同等。

三、回撤目标

回撤，即价格阶段性高点到阶段性低点的下跌幅度。投资目标中的回撤目标，差不多等同于波动率控制目标。波动率控制相关内容请参考阅读本书第八章“关于组合的波动性控制”。

投资目标为什么要考虑回撤控制，主要因为太大的回撤会加大投资者的恐惧心理从而影响理性决策和加大犯错概率，此外，太大回撤也可能会影响投资者的流动性需求。

即使是长期表现优秀的基金，往往也有很大概率会遭遇比较大的回撤。中国公募基金的实际运行数据表明，即便是长期优秀基金，遭遇较大回撤也几乎不可避免。仍以上文 2011 年初至 2020 年末累计收益率排名前十的偏股型和股票型基金为例，其最大回撤情况如下表所示：

基金排名	第1名	第2名	第3名	第4名	第5名	沪深300	第6名	第7名	第8名	第9名	第10名
最大回撤率	56.14%	54.90%	52.68%	50.13%	46.75%	46.70%	37.97%	35.48%	35.16%	33.73%	31.58%

过去十年累计收益率排名前十的基金，有 4 只基金最大回撤超过 50%，最大回撤的最小值都有 31.58%，其中有一半的基金最大回撤高于沪深 300 指数的最大回撤。

对于基金管理人来讲，完全不控制回撤，哪怕过往长期业绩优秀，仍然有可能遭遇致命打击。例如由著名基金经理朱利安 · 罗伯逊 1980 年创立的老虎基金，取得 18 年 32% 的长期顶级年化复合收益率，但 1998 年末至 1999 年前后，老虎基金遭遇约 47% 的回撤，引发投资人赎回，最终不得不清盘。令人唏嘘的是，即使计入后期的大幅回撤，老虎基金仍然取得了 20 年年化复合收益 25% 的辉煌业绩。

基于回撤控制的必要性、回撤的难以控制性，以及过度控制回撤有可能带来的得不偿失等因素，本书给出如下相应观点：

- 投资目标有必要将回撤控制纳入考虑；
- 可以使用分散组合、控制或杜绝使用杠杆、控制大类资产配置比例等方式来有限地控制回撤率；
- 股票型基金管理人不必因特殊阶段回撤率比较大、回撤率高于市场整体指数而过度影响情绪进而影响理性决策；
- 股票型基金管理人可以考虑采取措施，争取自己管理基金的回撤率不显著高于业绩基准或整体市场的回撤率和同业的平均回撤率；
- 投资人（特别是追求长期高收益的投资人）并无必要对目标基金的回撤率寄予过高期望，对波动率、回撤率显著高于业绩基准和基金同业均值的基金宜保持相对审慎的态度。

四、不同人生境况的投资目标

年化收益率 20% 还不满足，当然首先可能是大牛市，大牛市里一年二三十个点收益率当然不会让人满足。不过这里探讨的不是牛市收益率、熊市收益率，而是正常经济和货币环境下的包含牛熊交替转换的长期收益率。

以 20% 左右的顶尖基金经理水平的长期年化收益率，投资者以 10 万元本金起步，财富积累到 1 亿元（累计 1000 倍回报），差不多需要 38 年——其实这个长期投资回报已经超过了大多数普通人的预期了，这显示了长期复利的威力，以及“慢慢变富”的吸引力。

但是慢慢变富并不能让所有人都满足。有远大志向的人当然可以追求更高的财富增长速度，例如 40 岁以前就成为亿万富翁，这样的目标通过证券投资的方式显然比较难。有着如此远大志向的投资者，通常拥有异于常人的特质，例如卓越的企业家才能——这样的话，也许自行开办公司创业成功是早日成为亿万富翁的更容易和更值得鼓励的方法，虽然创业成功的概率比较低。中国银行业协会发布的《中国私人银行行业发展报告（2018）》显示，中国高净值人士80%是企业主。

有才华的人很多，但毕竟只有少数人才能登顶财富高峰。亿万富翁本不该成为大多数人的理想，毕竟人生的幸福感、成就感并不仅仅来自金钱，发大财往往也不是获得幸福感和成就感的必要条件。

通常情况下，投资目标的设定与个人所处的年龄、财富阶段和人生目标有非常紧密的联系。例如，很多年纪较轻的投资者，明知年化长期20%已经是一个对大数人长期难以企及的目标，但是仍然嗤之以鼻，而甘愿冒大风险去追逐50%以上的年化收益率目标，这种情况是有一定的存在即合理的内在逻辑的。例如不少人会想，就算年化收益率20%，本金如此之小（通常年轻人储蓄余额小），也发不了财，改变不了人生命运，不如赌一把，“爱拼才会赢”，赢了就成人生赢家，输了大不了多搬砖几年。为此不惜通过极端集中、加杠杆等方式铤而走险。当然，统计意义上，这样做的大多数人最后会赔很多钱，但是毕竟还是有少数幸运儿会胜出，胜出之后再收手也许就是人生赢家。特别是对于散户群体，少数理性冷静的聪明人慢慢变富，极少数甘冒大风险的幸运儿快速致富，大多数普通人则收获寥寥甚至亏钱。另外，对甘于冒险的年轻人来讲，当期的亏损，也许只占其未来预期收入的一小部分，所以年轻和预期收入本身，也客观上帮助其控制了人生长周期上的重大财务风险。

总之，合理的投资目标应该与个人的年龄、财富积累、预期收入、人生境遇等高度相关。激进的投资目标当然要承担更大的风险，承担了大风险未必就会有好收益，大多数风险过大的投资往往会以血亏告终。但另一方面，冒险精神正是企业家精神之一，正是冒险精神推动了许多个体人生境遇的根本改善，群体的冒险精神则推动了科技创新、经济发展和社会进步。聪明的投资者会懂得如何适度承担风险、获取合理收益。

五、基金管理人的选择

基金投资者是多元的，因此群体投资目标也是多元的。普通投资者的投资目标在不同市场阶段往往很容易漂移。任何一只基金，都不可能做到又陡又直（收益高、回撤低）的上升净值曲线，在证券市场，哪怕单独追求收益高、单独追求回撤低都不是容易的事。这样，基金投资人的投资目标与基金管理人的管理能力总是会有落差。

在投资层面，基金经理最需要的是冷静、理性。基金经理的情绪尽量不应受到基金持有人情绪的负面影响。尤其在不利波动（绝对回撤或相对回撤）发生时，基金经理比以往任何时候都更需要保持冷静和理性。

对更加专业的基金经理的建议：如何才能减少客户情绪压力传递、实现冷静和理性决策呢？

- 平时加强跟投资者沟通，引导投资人的合理预期投资目标；
- 投资者申购基金之时，重点解释清楚基金的投资目标、包括收益率目标、回撤和投资风险等；

- 反复向投资者阐述自己的投资理念、投资体系以及相对应的风险收益特征；
- 调节自身的心理预期，基金经理当然可以有足够自信，定下挑战极限投资绩效的目标，不过也可以选择降低预期，制定佛系投资目标，采用不太激进的投资策略，保持长期的良好投资心态；
- 评估客户投资目标与自身投资管理能力的差异，对于客户过高的不切实际的投资目标，不接受申购或劝退。

六、降低预期，接受不完美

顶极投资大师查理·芒格曾说：“幸福生活的第一条就是降低期望值，这很容易做到。但如果你有不切实际的期望，那你的一生都会很痛苦。”

人类或多或少普遍具有贪婪、恐惧、攀比、嫉妒、虚荣等人性弱点，这些人性弱点，部分在实体经济领域有正面作用，能够推动创新、冒险和勤奋工作，但在证券投资领域，上述人性弱点的负面作用更为明显，因为市场波动往往放大性格弱点、放大情绪，遮蔽人类的理性之光。投资人保持理性的秘诀是降低对自己的期望值，以控制好上述人性弱点，发挥谨慎、好奇、好学、勤于思考等优点。

在证券投资领域，也许降低对投资目标的期望值，是长期生存的必要条件。与其他很多领域的工作不同，证券投资业绩未必靠更聪明、更勤奋、更顽强的意志，证券投资的制胜法宝是理性。通常只有放弃不切实际的投资目标，将投资目标降低到符合历史规律的正常范围，才有助于保持良好心态，保持理性思考、理性决策。

降低投资目标的预期，包括降低长期收益率预期、降低同业排名预期、降低回撤率预期等；对基金经理而言，也意味着接受自身投资理念、投资风格、投资体系的不完美。市场上本就没有任何完美投资策略。趋势策略会在震荡行情中大回撤，震荡策略会在趋势行情中错过大行情；挑黑马可能会遇上坑，骑白马可能会涨不动；估值太低可能成长性不佳，估值太高可能泡沫太多……

一旦将投资目标适当降低，上述大部分问题也许都不再可怕。例如，如果投资者不再追逐超高收益率目标（通常实现方法是高度集中甚至还要加杠杆），则投资者可以通过适度分散的资产类别配置和证券投资组合来分散风险，预期收益率可能下降了一些，但是确定性增大了很多，墨菲定理（任何一个事件，只要具有大于零的概率，就可确定它终有一天会发生）就不再可怕。关于适度分散相关内容请参考阅读本书第七章“投资组合的分散与集中”。

降低预期，是面临高度不确定的投资世界的聪明应对法门。适度降低预期，最后结果往往可能获得超预期的额外奖赏。

第十章

远离毒品，远离高杠杆

毒品和高杠杆，两者有相似之处：两者都比较容易使人上瘾，都比较容易毁灭人的健康，毁灭人的财富。

一、最近和最著名的两则杠杆爆仓案例

2021 年 3 月底，有一个韩裔对冲基金经理黄圣国（Bill Hwang）成为网络热点，原因是他短期之内亏损了太多的钱，媒体称他创造了“人类历史上最大的单日个人亏损记纪录”，单日亏损超过 100 亿美元。据英国《金融时报》报道，其旗下的 Archegos（SY1）资本，这家对冲基金使用 5 倍杠杆，在 5 天之内损失了 1100 亿美元，这是一个非常惊人的数字。

媒体报道指出，Archegos 基金 2013 年至 2021 年从 2 亿美元开始，常年使用 3 至 5 倍杠杆，获得了非常高的回报，至 2021 年初其个人资金已经增加到 50 亿美元，两个月内其再次获得 200% 收益，此时其资金峰值达到了 150 亿美元。然而该来的还是来了，2021 年 3 月中下旬，Archegos 持仓证券价格大跌引发基金爆仓，其个人辛苦积累多年的上百亿美元的财富化为乌有，再次生动演绎了暴富于杠杆、又爆仓于杠杆的鲜活案例。

历史上像 Archegos 这样的对冲基金使用高杠杆被爆仓的案例其实可以说是数不胜数，其中最著名的可能是另外一家大名鼎鼎的基金公司——长期资本管理公司（LTCM），这家公司非常出名，他们拥有非常强大、豪华的团队阵容，其团队被称为“每平方英寸智商密度高于地球上任何其他地方”的“梦幻组合”，团队成员包括时任美联储副主席、Black-Scholes 期权定价模型发明人、所罗门兄弟副总裁等，团队成员中有两名曾经获得过诺贝尔奖。LTCM 公司的投资策略是各类眼花缭乱的所谓低风险套利策略，交易品种以债券衍生品为主，还包括股票配对交易、期权波动率交易等。在 1993 年至 1997 年，LTCM 公司取得了很大的成功，总共取得了约 202% 的累计收益率（同期标普 500 指数收益率为 108.05%），而且这么高的收益率而净值回撤率还很低，1994 年至 1997 年的四年间每年都获得了较大的正收益，如下表所示：

年度	LTCM收益率(已扣管理费)	S&P 500收益率
1994	21%	-1.5%
1995	43%	34.1%
1996	41%	20.3%
1997	17%	31.0%
1998	**-92%**	26.7%

但这样的业绩是在高杠杆的基础上获得的，据报道 LTCM 常年

使用高杠杆，在遭遇危机之前的杠杆超过25倍。到1998年，LTCM遭遇黑天鹅，持仓证券发生了大幅不利波动，其过高的杠杆率大幅放大了不利波动，使得资产净值曲线出现接近90°的快速下跌，过往积累的利润和他们的本金在这次下跌中惨遭爆仓，LTCM公司最终破产清算。

比较有讽刺意义的是，LTCM公司的创始人在LTCM公司破产清算后，又成立了一家新的对冲基金JWM Partners（SY2），这家新的对冲基金采取与LTCM同样的策略，缩减了杠杆，但缩减之后的杠杆倍数仍然高达15倍，结果在2008年金融危机中JWM Partners再次巨亏，不得不再次破产。同一批人、相同投资策略、高杠杆，连续两次破产，生动地演绎了长期高杠杆投资者难以摆脱的宿命，就是财富被清零、反复被清零。

高杠杆为什么会这么容易毁灭财富呢？我们来看一下它毁灭财富的内在机制。

二、高杠杆怎样毁灭财富

1. 杠杆引发爆仓，终结游戏资格

杠杆对资产净值的直接影响就是放大资产净值的波动。它放大了盈利，同时也放大了亏损。下面表格显示了不同杠杆水平的爆仓风险情况：

本金	杠杆倍数	杠杆放大后总资产	持仓价格变动幅度	净资产收益率的变动幅度
1	1	2	30%	**60%**
1	1	2	50%	**100%**
1	10	11	9%	**99%**

以一倍杠杆为例，一倍杠杆是当前A股市场融资业务可以达到的最大杠杆。当持仓证券价格波动幅度是30%，那么资产净值的波动是60%；当持仓证券价格波动幅度是50%。那么资产波动是100%，即意味着本金全部亏光。如果是10倍杠杆（国内股指期货的最高杠杆接近10倍），持仓价格只要下降9%，资产净值波动就是99%，接近于本金全部亏光。

那么，股票市场上，股票价格 30% ～ 50% 的波动，是不是小概率事件、黑天鹅事件呢？实际上不是。对于股票或者证券投资基金（两者在波动率方面比较相似，简单起见后文只提股票），出现 30% ～ 50% 的跌幅是非常普遍、非常高频率的事件。以最近发生在 A 股的情况为例。长期以来在 A 股市场上有行情不好时就“喝酒吃药”一说，指的是历史上食品饮料和医药这两个行业，它们的过往波动率比较低，即便整个市场行情不好，历史上这两个行业的抗跌性还是很明显，甚至经常逆市上涨。但是在 2021 年春节以来，这两大行业中的大部分股票，包括其中质地很好的龙头股，都出现了快速的下跌，在短短一个月的时间之内普遍、快速下跌了 30% ～ 50%。这再次显示了过往波动率小的行业和股票出现也随时可能出现短期大跌。全市场来看，基本上所有的股票，也包括股票型和偏股型的基金，它们遭遇到 30% 左右的下跌幅度，不说是家常便饭，差不多也属平常。面对高波动的证券价格，如果投资者使用了高杠杆，就很容易发生爆仓，一旦爆仓财富就被清零甚至沦为负资产（无力还债），对很多人来讲就意味着永久出局，失去东山再起的机会。历史上每次大熊市几乎都有过炒股失败跳楼自杀的悲惨事件，猜测恐怕大部分与杠杆相关。杠杆投资者哪怕过去非常成功，赚了很多的钱，只要有一次爆仓，过往积累的财富也会被残酷清零。

2. 杠杆易加大决策失误率

就算是超级大牛股，也从来不会直线上涨。任何一支大牛股，它的上涨都是在波动中、震荡中逐渐重心上移，中途几乎无一例外都将经历数次 30% ～ 50% 甚至更大的跌幅。

使用杠杆会放大波动，波动会放大情绪。证券投资活动中，人的经典情绪有两种，一种是贪婪，一种是恐惧。贪婪和恐惧被放大，都可能会使投资者失去理性，产生重大投资失误。

关于贪婪，对于投资者而言，如果投资股票初始阶段很顺利，实现盈利，尤其这一阶段可能还带了少量杠杆，取得了不错的业绩，自信心会加强，自然想赚更多的钱，于是进一步加大资本金投入，放更高的杠杆——高位追加投入甚至追加杠杆，这是最常见、最严重的昏庸决策之一。由于波动是常态，早晚遇到下一次大回撤，杠杆的威力使得前期因为贪婪加大投入的钱，都会因为这最后一次的下跌，使得资产遭遇重大回撤，影响长期业绩，甚至资产清零。

恐惧情绪则是更常见的导致错误决策的原因。因为证券市场上所有的投资者都是在面临对不确定性的预测管理，例如上市公司的基本面不确定，上市公司股票价格的不确定。投资者天然害怕亏损。每一次股票价格的下跌都会让投资者怀疑其持有的上市公司基本面是不是出了问题。尤其是在市场或股票持续下跌的时候，投资者恐惧情绪本来就会加大，每次跌到一个相对比较低的底部，或者距离上次高位一个比较多的底部的时候，投资者都会怀疑自己的投资逻辑是不是出了问题，这个时候投资者会去审视是不是这个公司的基本面出问题了？是不是金融危机要来了？是不是有投资者不了解的利空？宏观经济、产业经济是不是有什么重大的变化使得本来的投资逻辑不再成立？事后看，目标股票也许确实是大牛股，但是在股市中，每次下跌到相当幅度的时候，投资者都可能因为恐惧情绪的加大，而怀疑自己是不是犯了大错，从而做出错误决策。股票下跌过程典型投资者心理活动如下图所示：

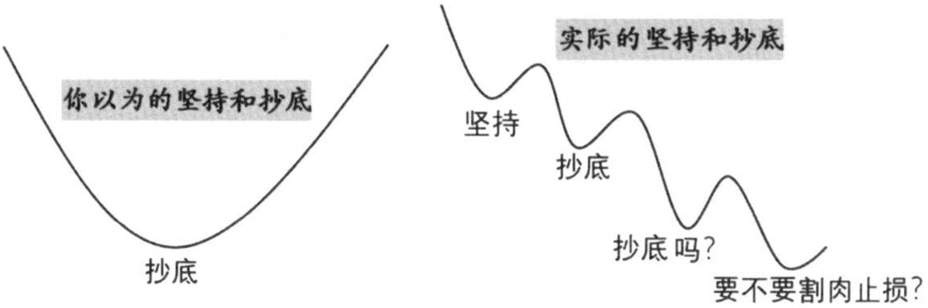

这就是不确定性与恐惧情绪相互作用影响投资者理性判断的过程。如果投资者在这个过程里面，使用了杠杆，杠杆投资者承担的恐惧就倍数于不使用杠杆的投资者承担的恐惧。而人的承受能力都是有限的，一旦过度恐惧，理性思考能力就会受到极大影响。实际上，在股票价格出现持续下跌以后，理性分析、理性决策在此刻最为重要，而往往在这个时候，投资者的恐惧程度最大。过度的恐惧甚至会使投资者产生生理反应，比如说茶饭不思、夜不能寐，丧失正常的思考能力是非常常见的现象。而一旦丧失正常的思考能力，就极容易做出错误的投资决策。例如，在股票价格跌到一定的底部之后，本来该继续持有，甚至可以考虑加仓，或者就算趋势追随卖出了，也应及时择机买回，但是由于过度的恐惧使得投资者的观点发生根本变化，以前的投资逻辑被推翻，投资者很可能做出错误决策，如低位割肉、改变对目标公司的根本看法等等。而且，由于投资者带杠杆操作，错误决策带来的损失就被进一步放大。这样，高杠杆就通过影响情绪而导致错误决策，并放大错误损失，就使得投资者的长期投资收益受到很大负面影响。

3. 杠杆有财务成本，很大可能得不偿失

杠杆往往可能会有财务成本，例如最近两年普通股民加杠杆最常使用的融资业务，融资利率一般在 8% 左右，而 A 股过去 20 年的年均回报也就在 8% 左右（相关内容请参考阅读本书第一章“股票为什么赚钱”），证券市场世界级投资大师和超级大牛股的长期年化收益率也就在 20% 左右，超过 20% 的长期年化收益率少之又少（有相关内容请参考阅读本书第九章“合理投资目标的设定及心理建设”）。如果投资者长期使用 8% 左右财务成本的杠杆投资股票，再考虑到不确定性、波动性等，普遍意义上恐怕长期投资绩效难言乐观，长期日常生活也可能面临较大压力。

此外，银行业、地产业企业应当都是专业的杠杆使用者。以银行为例，在资本充足率 8% 的监管标准下，银行的最大杠杆差不多可以达到 12 倍，当仁不让的高杠杆行业。从二级市场来看，A 股银行股和地产股长期以来保持两市接近最低的市盈率和市净率，相当大原因是市场对高财务杠杆模式下的盈利稳定性保持相对谨慎，尤其在宏观经济景气下行大周期下，高杠杆经营者面临的风险就更为巨大。对于银行传统信贷业务来讲，高杠杆经营模式，使得其利润水平对负债端成本、存贷利差、资产质量等因素高度敏感，任一因素的微小变动，都可能因为杠杆的放大，而对银行的净利润和股东权益产生重大影响。长期以来 A 股静态估值最低的行业集中于银行、地产、建筑等高杠杆产业，部分反映了市场对于高杠杆盈利模式的整体谨慎观点。

三、普通投资者更应远离杠杆

笔者觉得普通投资者更应远离杠杆。投资高手不需要杠杆就可以变富，没有杠杆的投资者更容易保持轻松祥和的心态，从而把握好优秀的投资机会，在岁月静好中慢慢变富。如果投资者是菜鸟，缺少好的风险控制能力，这种情况下使用杠杆，大概率会加速财富归零的过程。所以原则上普通投资者最好是像远离毒品一样远离杠杆。

当然，也有的投资者有各种各样的原因，想要和有条件选择使用杠杆，那么首先最好控制好杠杆比例，整个杠杆比例宜控制在比较小的范围之内，同时尽量控制组合的波动性。关于波动性控制相关内容请参考阅读本书第八章“关于组合的波动性控制”。如果投资者使用杠杆实现了盈利，最好尽力保持清醒和克制，抵制贪婪情绪的诱惑，在实现盈利之后及时落袋为安，及时缩减杠杆，保住胜利果实。

第五部分

投资中的认知方法论：经验、演绎和归纳

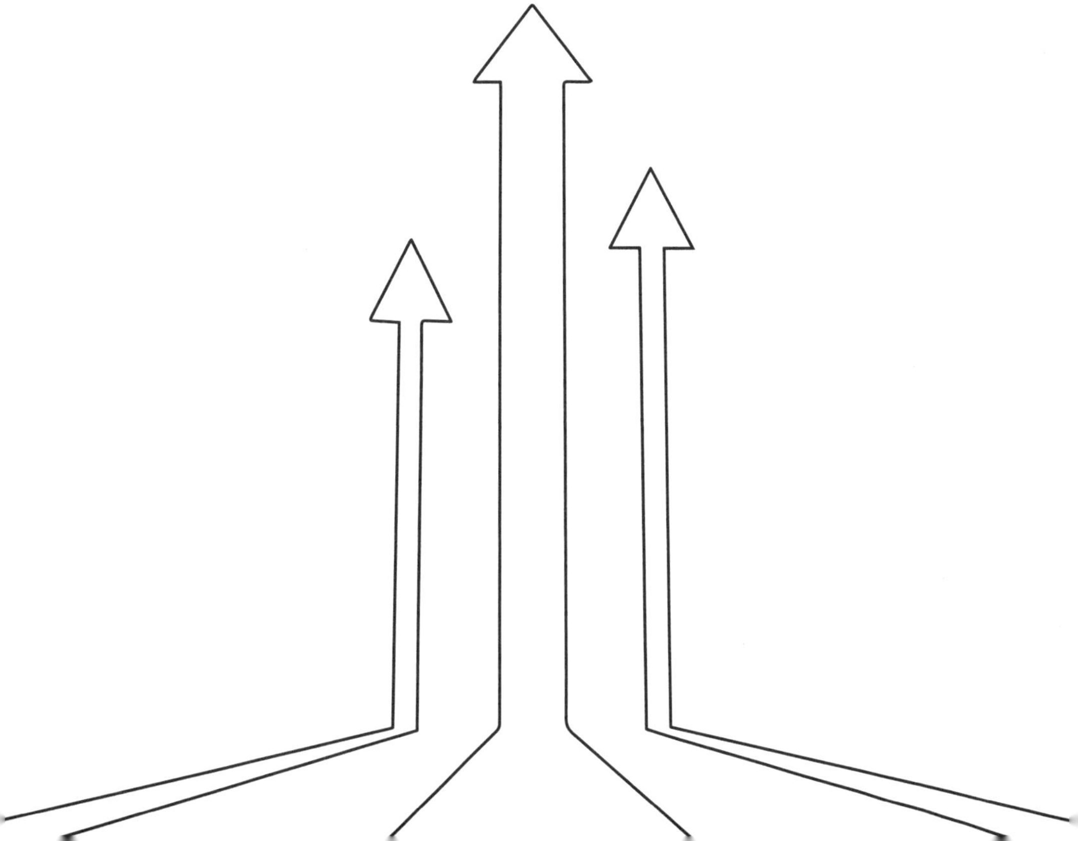

第十一章

经验能赚钱亦能赔钱

一、经验是把双刃剑

证券投资当然是建立在经验基础上的投资行为。恐怕没有哪个基金投资人乐意将钱交给从业经验不足一年的新手菜鸟。证券分析师和基金经理基本无一例外都有过多年的相关领域学习和工作经历，这也就是经验的积累过程。没有经验的菜鸟盲目重仓投资，大概率会成为证券市场被收割的韭菜。

经验固然重要，但有时它真的是极具杀伤力的双刃剑。哪怕是过去的成功经验，在市场不同阶段也可能会带来极大的伤害。

例如笔者自 2001 年进入基金行业从证券分析师做起，信奉买入长期持有优秀公司的基本面型（成长价值复合型）投资风格，一直到 2007 年，见证了长期持有贵州茅台、苏宁电器、招商银行、万科等优秀公司的丰厚回报，但 2008 年的金融危机以及随后的若干年使得买入持有优秀公司的策略在这一阶段遭遇重创。关于长期持有的相关观点请参考阅读本书第五章“长期持有的梗”。

鉴于2008年金融危机切肤之痛，以及后来又再次见证2010年至2012年的熊市，于是对不择时的理念有所怀疑，遂开发出基于趋势跟踪思路的择时策略，2015年牛熊转换之时，择时策略轻松右侧逃顶，又于2016年初成功轻松避开“熔断”回撤，看起来择时经验如此成功。然而此后数年A股市场主要宽基指数波动率大幅缩窄，趋势择时策略即使偶有良好表现但整体却呈显著负贡献。

如果时光能够倒流，笔者一定不会在2016年年底被小盘股策略吸引。笔者本对股票多因子策略中的小市值因子多年来一直充满狐疑，但是小市值因子在过去多年的A股市场如此有效，在2016年底以前几乎每一个年度都稳定、大幅战胜沪深300。选择市值因子最小数十只个股（剔除ST）构建组合，定期换仓，在考虑足够的佣金、印花税和滑点等交易成本以后，该小市值策略自2009年至2016年末的历史回测结果如下图所示：

小盘股策略与HS300指数年度收益率对比

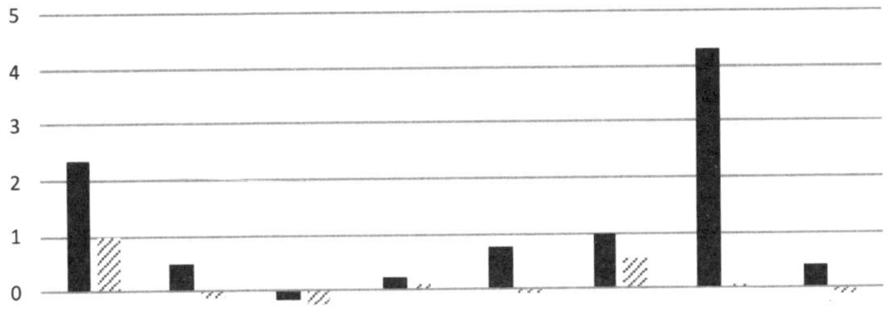

	2009	2010	2011	2012	2013	2014	2015	2016
■小盘股策略	2.3634008	0.499508	-0.182206	0.238968	0.7471599	0.9977757	4.320702	0.4130973
▨HS300指数	0.9671	-0.1251	-0.2501	0.0755	-0.0765	0.5166	0.0558	-0.1128

■小盘股策略　▨HS300指数

如此出色的净值增长曲线，甚至在 2015 年、2016 年每年 IPO 新股 200 余只的情况下，小市值策略的历史回测业绩还能分别取得 432%、41.3% 的收益率，看起来确实是太过吸引人。于是笔者于 2016 年 11 月初尝试运行以上面这个策略为主的复合小盘股策略，彼时正好 A 股市场就处于小盘股超额收益衰退的历史拐点处。策略运行不到一个月，小盘股超额收益迅速衰减。通常量化策略的应用经验之一是一般情况下不要轻易人工干预既有策略，但小盘策略的异常表现还是引发笔者本能的风险意识。笔者遂再次对策略原理、背景进行新的评估，经再次分析审视 A 股 IPO 状况、注册制推进、壳价值、机构投资者规模壮大等市场制度大变局之后，深感小盘股昔日荣光大概率一去不返，遂停止策略运行，最终小盘股复合策略以轻微亏损告终。自 2017 年至今（2021 年 5 月），曾经的常胜将军小盘股策略，绝大部分时间处于回撤之中，预计未来即便有反弹，也不再可能重现曾经有过的壳价值时代的超额收益，因为注册制的历史车轮已经滚滚而来，新股供给无限，绩差股的未来结局大部分是退市，小市值公司可以变得更小直至清零。从这个例子来看，如果盲从狭义经验，估计该小盘股策略将会造成巨大损失。

可见证券市场的经验的确也可能会让人赔钱。想要控制投资风险、获取投资收益，投资逻辑需要超越纯经验投资范畴。

二、不完全归纳不能得出普适性结论

从过往的经验得出一般规律，这是归纳；再从归纳得出的一般规律去推导预测个别结论，也就是经验的应用，这就是演绎。从上面小盘股策略的生成、执行和废弃，也可以看成是一个笔者亲身经历的完整证券投资归纳和演绎的过程。

归纳演绎法的经典表述是亚里士多德提出的苏格拉底三段论：所有人都会死（大前提，归纳法），苏格拉底是人（小前提），所以苏格拉底会死（结论）。

从这个经典三段论来看，它正确的前提是归纳法得出的前提结论正确，即所有人都会死。也就是说，结论正确的前提是首先要有正确的归纳结论，使用错误的前提，将会得出错误的结论。而“绝对正确”的归纳结论，在现实中大多数情况下不可能存在。例如，以经典三段论来看，所有人都会死吗？我们并没有见过“所有人”，包括将来的人，长生不老会不会在将来成为现实？据说谷歌公司已经投入重金研究长生不老技术——当然，就算其不能真正实现长生不老，其研究如果被证明能延长人类平均寿命，前途就已无可限量了。

这就显示了采用归纳演绎法面临的局限：现实世界大多数情况下只能采用不完全归纳法，因此无法保证结论的普适性。当然，现实中完全归纳也是存在的，例如测量某篮球队队员全部身高，其中最矮一个身高 1.8 米，则可以归纳出该篮球队所有队员身高都不低于 1.8 米这一属性。尽管现实世界存在完全归纳，但与证券投资和其他预测活动息息相关的是不完全归纳法。

由于在现实世界中，大多数情况下只能采用不完全归纳法，也即不能穷尽所有的样本，因此现实世界归纳法得出的结论通常并不能保证一定正确。例如著名的黑天鹅典故，过去欧洲人只见到过白天鹅，以为天鹅都是白的，后来在人们在澳大利亚发现了黑天鹅，可见，哪怕见过再多的白天鹅，也不能保证“天鹅总是白的”这个命题正确。因此归纳法无法保证其结论的普遍性和必然性。

特别是在时间尺度上，归纳演绎从过去推知未来往往具有更大的不可靠性。因为归纳是从过去的总体事件里得出一般性规律，而未来的总体事件与过去的总体事件是不一样的，总体不一样，当然“过去总体”的一般性规律对于“未来总体”就不一定适用。例如 2016 年以前大多数时候 A 股整体波动性较大，针对 A 股市场的宽基指数（如沪深 300）的趋势择时策略容易有效贡献择时收益，但 2016 年初以后 A 股波动性大幅缩窄，对整体市场的趋势择时策略就容易明显贡献负收益；再如 A 股小盘股策略超额收益情况，在 2016 年底 A 股注册制实质推进前，小盘股长期保持高额超额收益，而自 2017 年开始情况就截然相反，先前盈利能力爆棚的小盘股策略就转变为亏钱策略。

尽管有不完全归纳的局限性，归纳和演绎仍然是人们认知世界的基本方法论。不完全归纳虽然不能得出必然性的绝对正确结论，却可以得出正确的概率性结论。例如，对于天鹅颜色，我们可以说当前和未来若干年内大概率下天鹅颜色是白色的，这个结论应该就很正确。大多数情况下，正确的概率性结论就足以指导人们的正常决策了。再如每天全球各地都会发生很多汽车交通事故，而统计意义上汽车交通事故发生的概率很低，因此乘坐汽车出行大概率是安全的，正常人们不需要因为担心世界上总是有交通事故发生就放弃乘车出行。这显示了归纳演绎法的巨大核心价值：指导大多数情况下的实践行动。

三、样本问题、过去与未来问题

1. 样本数量问题

样本数量不足是产生错误经验也即错误归纳结论的主要原因之一。统计学上，对于样本数量及相关的其他参数（置信度、置信区间等）其实是有比较成熟的要求。当然，普通投资者并不需要深入学习统计学理论和方法，而只需具备一些常识，以及面对所谓统计数字时保持谨慎。在证券投资领域，通常在样本数量方面，30 个以下的样本数量意义都不是很大。例如，过去的 2020 年春节以后股市上涨的概率，这种统计意义就比较有限，因为样本太少，不能说明什么问题，并不能得出比较可信的春节后股市上涨概率大还是小这样的结论。再如，过去十年，白酒行业整体走势比较强，那么接下来几年白酒行业继续走强的概率大不大呢？这个问题，纯粹从归纳、统计的角度来讲，是得不出比较有意义的结论，同样首先是因为样本数量太少。再如，“明年经济不好，股市肯定不会太好”这个命题，它连经济好坏、股市好坏都没有定义，根本就无法测量、无法统计，自然不是一个值得信赖的所谓“经验”。当然，上述例子，除了样本数量的问题以外，还有用过去推知未来的时间尺度上的“不完全归纳”的隐含风险。

2. 样本代表性问题（以偏概全）

投资者的错误经验往往来自样本的代表性不足。例如，2008 年金融危机以后的前几年留给大多数投资者的印象是，短期市盈率偏高的股票难以创造好的收益率，例如贵州茅台、中国平安、招商银行都花了好几年时间来消化 2007 年高点的高估值。但实际上近年来，市场仍然产生不少市盈率一直都很高的大牛股，例如爱尔眼科、通策医疗、恒瑞医药、长春高新、海天味业等，这些公司当期短期市盈率一直都很高，但公司取得业绩持续增长从而推动股价上涨。再例如当前市场（2021 年 5 月左右），有人说白马龙头股、抱团股的估值很高，所以市场估值很高、风险很大，但实际上整体市场的估值并不高，因为市场尚有相当数量的传统行业、中小市值上市公司，其估值尚处于低位；市场亦存在相当数量的长期行业空间很高和短期景气度很强，从而业绩增长有望快速拉低短期市盈率的公司。这些公司综合拉低了全市场短期静态估值。再例如，普通股民往往有这样的印象，自己周边的亲友炒股大部分亏损，尤其这几年小盘股泡沫破裂，普通股民亏损面更大，所以投资股市风险大于回报；但实际上，以公募基金为代表的机构投资者近几年取得很好的投资业绩，基民整体盈利情况不错，也就意味着近几年市场给投资者整体还是创造了正收益。

3. 过去经验不能简单推导未来

经验是过去发生事件的总结归纳。在时间维度上，归纳演绎从过去推知未来往往具有更大的不可靠性，因为“过去的总体”与“未来的总体”不一样。对于证券市场、宏观经济，过去、现在与未来的差异完全可能是天壤之别。例如技术进步、制度变迁、国际贸易演变、人口结构变化等，使中国宏观经济始终处于大变迁之中；而A股市场则因为宏观经济和金融背景、产业景气、市场制度、投资者结构、上市公司产业分布等的变化而同样处于巨大、激烈的变化之中。因此特别是A股过去的经验不再适用于现在和未来的情形比较多。例如壳价值与小盘股超额收益、新股和次新股超额收益等。

四、认知偏差及人为误导形成的错误经验

1. 认知偏差形成的错误经验

人类的认知有一个本能特点是将复杂问题简单化，这样就可以减少认知花费成本（主要指时间、精力成本），提升大脑有限的信息加工能力。人们通常采用如下方式来实现认知上的化繁就简目标：忽略部分信息；过度使用部分信息以避免寻找更多信息；接受某个不是最优或最完美的选择，并认为其已经足够好。人类认知本能特点积极之处在于可以尽量利用有限的认知能力来处理纷繁复杂浩如烟海的信息，但同时也经常会使人们出现错误认知，这就是人类的认知偏差规律，认知偏差规律常常使人们得出错误的归纳经验结论。

证券市场的认知偏差现象，行为金融学做了比较多的研究。这里简要介绍几个最常见的证券投资领域认知偏差，有兴趣的读者朋友可以阅读行为金融学相关书目。

（1）锚定效应：指人们在做判断时，容易受初始信息的影响，易将某些特定数值作为起始值，起始值像水底之锚一样把人的思想固定在某处。例如股民做买卖决定易受买入成本价、阶段高点或阶段低点价格的影响，但实际上这些价格并不能实质影响目标股票的未来回报。

（2）幸存者偏差：指信息只来自幸存者（成功者），因为不幸者（被淘汰者）无法发声或被漠视。由于幸存者（成功者）只是少数，幸存者（成功者）样本不具备随机性、代表性，只根据幸存者（成功者）群体样本总结出的经验或规律容易得出片面或错误结论。例如国内外科技行业涌现出了很多大牛股，很容易让人误以为科技行业容易取得高回报，但实际上科技行业的长期淘汰率很高，要成功捕捉到科技行业大牛股并不容易。

（3）赌徒谬误：赌徒常以为某事发生了多次因此接下来不太可能再发生，或者某事很久没有发生接下来就很大可能会发生。但随机事件中的每一次事件发生的概率是独立的，并不会受相邻事件发生与否的影响。证券市场中，跌了很多不能成为即将上涨的理由，也不能成为继续下跌的理由；涨了很多不能成为即将下跌的理由，也不能成为继续上涨的理由。盲目抄底、追涨，盲目输时加仓或赢时加仓，这些行为或多或少都受赌徒谬误的影响。

（4）过度自信：投资者往往将偶然成功归因于自己的投资水平，将失败投资归因于无法控制的外界因素。这种选择性信息接收和归因分析，使得投资者往往过高估计自己的投资水平，而忽视了风险防范。过度自信，使得投资者在连赢之后更为危险，往往这时候投资者同时受到赌徒谬误的影响，会加大本金投入，甚至加杠杆，且往往在高位加杠杆，而长期高杠杆是财富的巨大杀手（请参考阅读本书第十章“远离毒品，远离高杠杆”）。证券市场的高度随机性和波动性，几乎必然会让投资者撞上一两次大回撤，前期连赢过的过度自信的投资者面临的风险往往更大。

（5）信息幻觉与专家幻觉：投资者容易相信掌握更多知识或信息的人能做出更好的投资决策，但实际上这个结论并不成立。证券市场上最不缺的就是各类信息，但实际上大多数信息都只是噪声。在影响股价的关键信息以外，收集掌握更多的信息对投资绩效的提高并无有效帮助。在股票市场上，并没有证据表明行业专家、上市公司内部人士、证券行业从业人员相比普通投资者具备更好的投资决策能力。因此投资勿轻信专家、勿轻信任何人。

（6）确认性偏差（一厢情愿）：指人们倾向于选择性寻找有利信息，而忽略不利信息，来支持自己已经形成的先验想法，即人们倾向于更相信愿意相信的事情。例如投资者一旦看好某只股票，就容易倾向于只收集和相信该股票的利好信息，而忽视其他不利信息。

上述认知偏差现象，是最普遍、最容易影响投资者形成正确经验的人们认知特点。虽然，并不是了解了这些认知偏差，就能保证形成正确观点、正确经验，但是，要想尽量少地受到这些认知偏差规律的干扰、在证券投资中尽可能正确地使用归纳和演绎。第一步就是要了解和正视这些认知偏差，面临具体问题时有意识、有针对性地提醒自己尽量少犯认知错误，尽量不要形成错误经验、不要被错误经验误导投资决策。

2. 人为误导的错误经验

除了上述客观存在的认知偏差易导致错误经验的形成，现实市场环境中，因为商业利益原因，也易推动形成不那么正确的经验结论并导致非理性决策。

常见的这类事例有：基金营销人员重点宣传过去业绩好的基金，但并未讨论基金的过往业绩对未来业绩到底有多大的预示作用；重点宣传个别业绩好的基金，而不是全部基金过往业绩；重点宣传短期、阶段性收益率，以短期收益率隐喻长期收益率，例如重点宣传最近几年的基金收益率，而对以前更长周期的收益率言之不详；以资产管理规模来隐喻未来长期业绩；风险投资或 PE 基金销售人员重点宣传个别项目赚了多少倍，但对失败的投资项目以及整个基金的回报往往语焉不详；宣传口径税费前回报与税费后回报模糊不清，等等。

市场中经常还有一些有意无意选择性利用统计数据的情况。例如统计最近两三年的股票和偏股型基金的收益率，来暗示基金的长期收益率；为了证明基金长期收益率不错，统计长期收益率时有意无意将统计口径起始点设为 2005 年左右的大熊市末期，实际上哪怕是十来年周期的收益率，统计起始点亦很重要，选择 2005 年中还是 2008 年年初作为起始点结果会有很大不同。例如为了证明长期持有的必要性，统计长期内最高涨幅的 10 个交易日上涨贡献了全部累计上涨的大部分，但实际上该区间内跌幅最高的 10 个交易日也贡献了全部回撤的大部分，这样的统计并不能成为长期持有的理由。

上述这些经常发生的事例，本质上是信息的选择性加工、选择性展示。这种选择性信息处理，通常可归之为两类：一类是无心之失，例如受上文介绍的认知偏差的影响形成了错误的经验认识；另一类是受商业利益的驱动，有意无意利用人们的认知偏差规律来达成销售目的。理性投资者需要加强学习、提升认知能力，对这类信息暗含的结论导向具备独立和理性判断能力。

五、如何应对有限正确的经验

1. 抓大（概率）防小（概率）与适度分散

这里的抓大防小，是指防止小概率大风险事件的冲击。通常人们对大概率下的大风险事件可以有效预防和规避，但对小概率的大风险事件却不做任何防范，例如闯红灯——尽管通常闯红灯出事的概率并不太高，但往往一出事对当事人而言就是难以承受的大事。“君子不立危墙之下”，因为即使危墙马上倒塌是小概率事件，但概率一直存在，被倒塌的危墙砸死砸伤的风险超出了正常承受范围。

现实环境中经验的形成基本均采用的是不完全归纳法，不能保证百分百正确，但实际上做投资并不需要保证百分百正确，而只需要大概率正确。正确归纳得出的概率性结论在投资中具有极大实用价值。

例如对于经典的黑天鹅典故，在明知世上存在黑天鹅的情况下，由于绝大多数天鹅都是白色，画家作画并不需要特别画出黑色天鹅才能反映现实。对投资来讲就是，投资策略在大概率规律下赚钱即可，且允许经受小概率风险事件的冲击，只要冲击在可承受范围即可。

这就是“抓大防小”的含义：投资组合尽可能聚焦于正确归纳经验下的大概率机会，同时投资组合应具备足够容错能力，防止小概率大风险事件的致命冲击，使即使小概率风险事件发生，投资组合受到的冲击仍在可接受范围。

显然，投资组合的适度分散是最好可能也是唯一能够选择的解决方案。把鸡蛋装在多个篮子里，当个别篮子掉到地上的小概率风险事件发生时，尚有其他篮子的鸡蛋可以留存。关于分散的意义、如何适度而不是过度分散等，请参考阅读本书第七章“投资组合的分散与集中”。

这里还必须要指出，正确的投资目标，并不是任何时候都是绝对收益目标，而是有一个相对目标：不输于市场或同业太多。当小概率黑天鹅事件发生时，投资者往往并不需要全部躲过，而只需要不落后市场或同业太多即可。即是说，投资者无需因为过度担心没有“绝对正确”的过往经验而畏缩踌躇止步不前。关于合理投资目标的讨论请参考阅读本书第九章“合理投资目标的设定及心理建设”。

2. 正视认知偏差，保持对经验教条的谨慎

通常认知偏差规律适用于绝大部分个体，但如果提前了解和正视认知偏差规律，遇到问题有意识地提醒自己检查有没有犯认知偏差的错误，情况就有希望改善很多。

证券市场流传的相当数量的教条式经验，有的本来就争议很大，有的似是而非且有相当的误导性。例如投资组合是分散好还是集中好？

高成长高估值好还是低增长低估值好？买入股票该长期持有还是动态调整好？新兴产业超级成长股是不是更多、传统产业超级成长股是不是比较少等。很多市场流传的所谓经验，均难以接受严格的实证研究检验。

想要在证券市场存活，投资者只能尽可能保持理性，正视认知偏差规律，不轻信任何机构、专家和书本的所谓经验总结。“尽信书不如无书”。当然投资者也不应轻信自己未经研究支持的直观感觉。

证券投资，研究先行。当一个研究命题结束时，反复审视研究过程是否客观？是否全面？是否选择性收集和处理信息？是否符合逻辑？是否与市场上其他研究结果明显差异？为何有差异？等等。此外还可以考虑引入逆向思维，尝试思考问题的反面，或原命题的逆命题等。一旦投资者采用审慎、客观、务实、独立的研究态度，理性思考形成正确结论的能力就将大放异彩。

当发现过往经验不再适用时，尽量找出原因，正确归纳、演绎，以形成新的适用经验。曾经的过往经验不再适用之时，往往也可能是新的重大投资机会孕育之时。例如 2016 年末开始的 A 股小盘股溢价效应开始全面消退之时，正是 A 股白马、龙头、蓝筹股的历史性投资机会崛起之时。唯有理性的跟踪分析才有助于回避类似的重大投资风险和抓住类似的重大投资机会。

第十二章

搭建完整的投资体系

一、为什么需要完整投资体系

1. 看对做错为什么这么多

证券市场上，看对做错可能是很多投资者最常见的懊恼之一。很多超级大牛股，逻辑很简单很容易理解，但是为了等一个心目中的理想价格而错过时机，眼睁睁看着其绝尘而去；或者选中的大牛股因为什么原因（例如整体市场大跌或公司有什么突发利空），股价大幅波动，投资者震荡中被甩下车而未重新上车，错失好不容易选中的超级大牛股。

不仅普通投资人容易看对做错，“股神”巴菲特和查理·芒格这对黄金搭档亦不能幸免。谷歌公司是巴芒二人看对做错的经典案例。在伯克希尔·哈撒韦公司 2017 年股东大会上，巴菲特和芒格均表示“错过谷歌是一个很大的错误”。巴菲特说：“在谷歌上市前，我们（巴菲特与谷歌公司创始人）简短地讨论过，因为我们汽车保险使用搜索，以一种很重要的方式，所以我知道搜索的力量，实际上，我自己也会用大量的搜索，我们懂得谷歌的价值。”谷歌从2004年9月上市到现在，伴随收入和利润的持续增长，股价在整整21年间持续震荡上涨，至2021年9月底共上涨了53倍。中间任何时候回头看都是很好的买入机会，特别是对于推崇长期投资而忽略短期波动的巴芒二人组，流动性也不存在任何问题。那到底是什么原因未投资谷歌？两位股神并未明说。

可见看对做错对任何人都是最为常见的投资失误之一。很明显，对实际投资来讲，“看对”是不够的，还要“做对”才行。“看对”和“做对”二者合并，才能构成一个相对完整的投资体系。为什么证券市场上有这么多看对做错的故事？原因在于太多投资者的投资体系不够完整。

2. 简单买入持有的问题

很多投资者，接受了价值投资的理念，但是往往把价值投资理解为简单买入持有，把价值投资与长期持有划等号。其实，僵化的长期持有是对价值投资的曲解，在实际投资过程中往往带来很多问题。关于僵化长期持有的危害，请参阅本书第五章“长期持有的梗”。

仅仅是简单买入持有这种策略，尚不能构成一个完整的投资体系。

简单买入持有面临的问题是显而易见的：它难以有效地处理目标公司的长期基本面不确定性问题、二级市场价格与基本面的阶段性大幅背离问题。实际情况是，好公司也很可能变成坏公司，而且往往在投资者还没有察觉的时候就可能已经成长性下降、基本面逆转；再有就是，投资者一开始就选错公司的情况并不罕见，事前以为是好公司，事后才知道其实是差公司；更无奈的是，真正的好公司，股价也会大幅波动，常常可能在短时间以内出现 30% 甚至超过 50% 的回调，例如 2021 年一季度的情况，相当数量的上市公司，行业和公司基本面并没有负面变化，但是股价却在短短一两个月内下跌 30% 以上，有的超过 50%。

股票价格大幅波动会带来情绪变化，从而影响对目标公司基本面的判断。资产管理目标是为投资者提供特定收益和风险目标的产品，如果仅仅是简单买入持有策略，难以避免会带来基金净值波动特征的高度不确定性，这样就难以满足投资者需求，其实也难以满足基金管理人自己的需求，因为基金管理人需要情绪冷静、理性思考，而净值大幅波动下很难做到情绪冷静。所有基金经理都是人，不是神，是人就会有情绪。

也就是说，市场短期无序波动是常态，目标公司基本面随机性变化是常态，投资者研究失误是常态，如果投资体系只有简单买入持有策略，则难以有效面对和解决上述这些常态性问题。这就需要投资者在简单买入持有策略基础上，附加一些其他的投资应对方法，才能形成一个相对完整的投资体系。

3. 单一简单投资策略的问题

很多普通投资者都习惯于采用某一种单一简单投资策略，例如简单买入持有策略、某种技术分析策略等。其实不仅仅是简单买入持有，任何单一简单投资策略都有缺点，而在特殊场合缺点就可能被放大，就可能对投资绩效带来致命打击。

例如，只使用趋势策略，面临的问题就是市场大部分时间、个股大部分时间，都以震荡为主，也就意味着趋势策略在大部分时间会表现平淡甚至亏损严重；如果只使用震荡策略，面临的问题是市场大的投资机会和投资风险都以趋势的方式实现，单一简单震荡策略既难抓住大的投资机会、也难规避大的风险。

投资只聚焦于某一类甚至某一个行业的策略，也可以看成一种单一投资策略。以最近一段时间 A 股市场的例子来看，过去多年重点投资于大消费板块的行业配置策略遭遇大回撤，大消费板块在连续几年强势上涨后出现大幅回调。相反，特别强调均衡投资、分散投资的行业配置策略又会怎么样呢？实际上也会面临不小问题。因为 2021 年至今（2021 年 9 月底）整个市场板块超额收益高度集中于新能源（主要指光伏和新能源汽车）以及部分周期性行业（特别是与新能源产业链有较大交集的周期性行业），因此过度分散、均衡的行业和个股配置策略当前也遇到了至暗时刻——并且还将持续多久也未可知。

显然，单一投资策略在实际投资应用中，总是难以避免策略的阶段性失效。严重的阶段性失效，导致严重的投资业绩异常，对于个人投资者的投资目标、基金经理的职业生涯，都可能会带来致命的打击。

4. 完整投资体系的根本作用

无论实体产业市场还是证券市场，不确定性是确定特点。

完整投资体系的根本作用，是帮助投资者应对投资过程中的不确定性。也就是说，投资者无论采用哪种投资策略、作出哪一项投资决策，总会发生事后结果与事前预期不相符甚至相反的情况，而完整投资体系的作用，根本上就在于提前制定好相应的应对预案，使得各种不确定情况发生时，投资者可以按计划调整投资策略、调整投资组合，确保投资绩效仍然在预定投资目标范围以内——这个投资目标，应当是合理的投资目标，而不是高不可及的目标；这个投资目标至少要包括收益率目标和风险目标。关于合理投资目标的设定，请参阅本书第九章“合理投资目标的设定及心理调整”。

在一个相对完整的投资体系下，由于有针对各种不确定性的应对预案，当遇到各种意料之外的突发情况之时，投资者才可能胸有成竹从容应对，而不至于惊慌失措情绪失控，放大失误。

二、什么才是完整的投资体系

1. 完整投资体系的实质内容和基本要素

如前所述，一个相对完整的投资体系，其实是针对各种不确定情况的一系列应对预案的集合，再进一步，一个完整投资体系，就对应了一个系统化的组合构建和动态调整方法，它应当包括资产配置方案（包括大类资产配置、行业配置等）、标的研究和选择、头寸分配、买入持有卖出条件等。基于对不确定性与概率的应对预案，这个方法体系，还必须具有足够的容错能力和纠错机制。

这样的完整投资体系，应当建立在如下底层理念和方法基础之上：

（1）底层核心价值观　股票是交易筹码还是公司产权的一部分，或者兼而有之？底层价值观的明确树立，有助于形成具体的研究方法和投资策略的基本框架。关于股票底层核心价值观的讨论，请参阅本书第一章“股票为什么赚钱”。

（2）合理投资目标的设定及心理建设 投资目标需要切实可行，过于理想化的、不切实际的投资目标，难以找到对应的投资策略，且不利于心理平衡和理性思考，也很容易带来巨大风险。这部分内容，请参阅本书第九章“合理投资目标的设定及心理建设”。

（3）基本面研究方法 主要是行业和公司基本面研究方法包括估值方法。前面讨论了很多投资者常见的“看对做错”，实际上，相比之下，“看错做错”带来的投资失败更为常见。“看错做错”，意思是指，投资者一开始就选错了公司，事前以为是大牛股，事后发现是大熊股，且没有及时止损、及时纠错。为什么会“看错”，是因为缺少正确的基本面研究方法体系。这部分内容，请参阅本书第二章“双因子增长模型——通用成长股逻辑框架”、第四章“聪明的成长股趋势跟随”和第六章“估值、市盈率与成长股”。

（4）基本面与二级市场的联动 / 背离的认知及应对方法 基本面与二级市场价格表现有时同向联动有时背离，很多时候基本面与二级市场可能会有大幅背离，且这种联动与背离有很大的随机性。投资决策需要面对这种随机的联动与背离。

（5）对系统性风险的认知与应对 极端系统性风险的发生对投资组合的打击往往是致命的，且极端风险事件的发生往往并不是小到可以忽略的概率。例如 2008 年金融危机，媒体形容为“百年一遇”，然而仅仅过了几年，2015 年 A 股再次发生股灾，接下来 2016 年初 A 股再次连续“熔断”断崖下跌；仅仅再过 4 年，2020 年一季度因为疫情原因，全球多国股市同时急速下跌甚至发生多国股市同时熔断的奇观式股灾。可见，对这种不可知的系统性风险还是需要有应对预案准备。

2. 以买入持有策略为核心的完整投资体系

现在再来看股神巴菲特的投资体系是不是一个完整的投资体系。“买入持有”四个字，其实远远不能概括巴菲特的投资体系。

巴菲特认为，股票是公司股权的一部分，股票的内在价值相当于公司未来自由现金流的折现——这是其底层价值观；在能力圈范围内选择具有深厚护城河的优秀公司——这是其标的研究和选择方法；崇尚长期持股忽略短期波动——这是其对基本面与二级市场走势的认知与应对；忽略宏观研究及市场整体择时但始终保留足够现金资产——这是其对系统性风险的认知并使用资产配置方案来应对；较高胜率前提下的相对集中持股——这是其头寸分配；当公司市值大幅低于内在价值时买入，长期持有为主——这是其买入和持有条件；当公司大幅高估或基本面逆转或重大不确定时及时卖出（例如对中国石油、康菲石油、美国四大航空股的交易）——这是其卖出条件及容错纠错机制；以战胜标普 500 指数为目标，强调降低预期——这是其投资目标的设定和心理建设……

可见，按上文的标准，巴菲特其实拥有一个完整的投资体系。正是在这个完整投资体系的帮助下，伯克希尔 · 哈撒韦公司在长达 50 余年的历史上，穿越多次金融市场动荡，取得年化约 20% 的了不起的业绩。

既然股神投资体系完整，那怎么看待前文提到的股神在谷歌上“看对做错”呢？下面继续讨论。

3. 完整投资体系不是完美投资体系

完整投资体系并不是指完美投资体系。完整投资体系不是要完美应对各种预期之外的情况，而是要有系统化的应对机制，从而使得市场出现好的机会的时候，至少能把握住其中一部分机会；市场出现大的风险的时候，至少能回避其中一部分风险。因此完整投资体系允许不完美，只要这个不完美不妨碍实现投资者的合理的投资目标。

因此完整投资体系，不是指完美投资体系。世上不太可能有完美投资体系，只有特定投资者的个性化的、相对完整的、允许有部分可以忍受的缺点的投资体系。

如果考虑到投资目标的设定也是体系内容之一，那么投资者往往只需要降低目标即可将一个看起来不太完整的投资体系，升级成为一个相对完整的投资体系。例如，如果投资者降低收益率预期、降低股票方向资产的波动率回撤率预期，据此提前设定好资产配置比例和个股配置比例，即可建立起一个以买入持有策略为主的完整投资体系。

前面讲到的巴菲特投资体系的完整性及其在谷歌上“看对做错”的案例，诠释了完整与完美的区别。在谷歌上的“看对做错”，是一个局部投资策略问题——可以理解成巴菲特投资体系中对成长股投资策略，特别是买入条件的处理也许有些瑕疵，但对整个伯克希尔公司的投资组合而言，并未因错失谷歌而带来致命打击，错失谷歌以后整体组合绩效仍然不错，说明其投资体系的容错性很强。这恰恰说明，投资体系不需要完美，只需要相对比较完整。

有人问巴菲特错过谷歌后不后悔，巴菲特说：“因为我犯过太多错误，如果我一直后悔，我就要累坏了，做投资不能后悔，一旦你犯了错误，你无法后悔，因为错误也是投资的一部分。”这段话充满了智慧。从投资体系的视角，这段话意味着，巴菲特的投资体系允许犯错、具备足够的容错性；不因错过好机会而后悔，意味着降低预期、接受不完美的投资体系，从而保持情绪冷静和理性思考。这些因素都有利于整个投资组合的绩效表现始终处于可接受的范围。

虽然错过了谷歌、微软等高科技公司，虽然在“蓝色巨人”IBM公司的投资上也犯过错误，巴菲特后来却成功抓住了苹果公司的投资机会，虽然投得有点晚，还是获得了很好的回报。这也可以看出其投资体系中的容错性、纠错机制、基本面研究方法的有效性等特点。

三、风控优先，搭建个性化完整投资体系

1. 实践中逐步搭建投资体系

投资就如一个永无结束的寻宝游戏。寻宝需要经验技巧——投资方法体系，而没有谁刚开始参与游戏时就会有好的经验技巧。经验技巧只能在实际游戏过程中逐步学习、逐步积累。初学者的确应当先学习基础投资知识和技能，但没有人能够只通过熟读若干投资典籍就建立起成熟完整的投资体系，纸上谈兵的经验应用于实际投资往往会摔大跟斗。

投资者绝对不是体系未完整就不能开始投资了。随机规律持续作用于商业世界，巨大投资机会的出现通常并不会等待投资者做好充分完善的准备。当明显的大机会来临，聪明投资者的做法是顺应时势去抓住大机会，或者至少抓住一部分。此时投资体系不完善怎么办呢？答案是首先要具有最起码的风险控制措施。投资者应当在严格风控之下开启投资之旅，在实践中逐步学习提高完善投资体系。没有实践，也谈不上搭建完整体系。

2. 搭建投资体系，风控优先

要持续积累经验、形成完整投资体系并使用体系寻宝致富的前提是能持续参与投资游戏。也就是说，投资者需要提前做好风险控制措施，确保自己体系尚不够完整时，即使犯错也不至于被彻底淘汰出局，而失去继续游戏的机会。所以搭建完整投资体系，风险控制处于第一优先级。风险控制措施，也就是投资体系中的容错措施。

最基本、最重要的风险控制措施，首先是设定比较保守的大类资产配置比例，即最多只能用总资产的多少比例投资于高风险资产(股票等)；其次是限制行业和个股投资比例；杜绝使用杠杆、杜绝投资于明显高风险公司，等等。

相对保守的风险控制措施，的确在开始阶段有可能会错失部分获利机会。不过证券市场最不缺的就是机会。活下来，积累更多经验和技巧，方法体系日臻完善之时，总有属于投资者自己的宝藏。

3. 投资体系的个性化：没有最好，只有最适合

投资体系是个性化的体系。投资者个人投资目标不同、性格特征不同、能力圈不同、投资体系就会不同。世上没有最好的投资体系，只有最适合自己的投资体系。

例如，倾向于将股票视为公司产权一部分、认为公司利润（及现金流）才是价值源泉的人，适合构建广义价值投资体系；倾向于将股票视为交易筹码的人，则适合构建以交易策略为中心的投资体系；也有投资者想将这两者相结合，构建复杂一点的投资体系，既赚上市公司利润增

长的钱，又赚二级市场交易对手筹码换手的钱……只要是在合法合规的范围以内，只要是能有效控制风险、获取收益、逻辑闭环的投资体系，便是适合投资者自己的完整投资体系。

这里需要特别指出，投资体系并不是越复杂越好。通常一个系统越简单则越稳定，不过在投资领域，这个稳定不是指投资绩效阶段性（特别是短期阶段性）表现稳定，而是指业绩的长期收益和风险特征稳定——这个特征，指的是长期收益率水平、波动率和回撤率水平等。投资体系越复杂越花哨，往往看似阶段性表现可能比较完美，然而长期体系面临意想不到的意外情况发生时，很可能导致巨大的意外灾难。典型的例子如曾经业绩优秀的长期资本管理公司的投资失败。

普通投资者不应当、不需要追求复杂的、看似完美的投资体系，而应致力于构建适合自己的相对完整的投资体系，以在控制风险的情况下获取长期合理收益。

4. 与时俱进的投资体系：体系的拓展演进

显然，投资体系可以不断演进和拓展。巴菲特早期的投资策略是可近似归结为投资于极低估值公司的策略，也即“烟蒂股”策略，但后来逐步转变为以合理价格买入具备深厚“护城河”的优秀公司的策略；早期巴菲特排斥科技股，而多年后还是成功投资了苹果公司。可见投资体系与时俱进地演进和拓展才能适应经济环境和市场环境的变化。

这就需要投资者持续拓展能力圈，尽可能多地学习了解新知识、新工具、新经济、新环境，从而丰富完善投资体系，持续在证券市场生存和获利。

免责声明

1. 本书内容所引用材料的来源及观点的出处皆被作者认为可靠，但作者不对因使用本书或其中引用的材料导致的损失而承担任何责任。任何人士及机构均不应依赖本书取代其独立判断。

2. 本书涉及的对证券市场、行业板块和所有公司 / 个股的分析，不对任何人士及机构构成任何投资建议，据此操作，风险自担。

3. 股市有风险，投资需谨慎。

后记

笔者开始构思将分散的投资随笔汇集成书之时，正在美丽的泰国沙美岛度假。这里拥有细腻的白沙滩，以及很棒的多个浮潜点，景色非常优美，在这里度假真的很愉快。

度假会影响投资吗？会，但是往往是正面影响，因为度假使人心情放松，心情放松是保持理性思考的必要条件，而理性，是证券投资取得好业绩的最重要条件。只有保持理性，才能减少错误决策，才能把握住好的投资机会。

怎样保持理性、减少焦虑呢？当然不仅是靠度假，更不是靠当投资组合遇到问题的时候去硬扛、去不现实地提高心理承受能力。正确的方向应该是，在构建投资组合之初就应当要防患于未然，例如，提前控制家庭资产投资于权益资产的比例、控制投资于单独个股的比例、控制或杜绝使用杠杆、杜绝投资不了解的公司、杜绝投资垃圾公司、杜绝投资估值泡沫显著的公司等。

但是仅仅懂得规避风险还不够。证券投资组合的构建和调整是一个系统工程。证券投资首先要解决为什么要交易或持有、交易或持有什么标的、怎样跟踪调整观点及怎样正确地交易或持有、怎样管理风险、怎样平衡风险和收益、追求怎样的合理投资目标、如何保持平衡心态、如何应对僵化经验的局限等重大问题。本书将这些问题具象化为：为什么要投资股市，如何选股，对选中的个股如何跟踪和调整，如何估值，如何正确地持有和交易，要不要分散及如何适度分散，要不要控制及如何控制组合波动性，如何设定合理的投资目标及保持良好心理状态，如何正确归纳和使用经验，等等。通过对这些证券投资中常见的重大具象化问题的讨论，本书希望展示一个相对系统化的证券投资思维方式，以帮助读者朋友思考总结并构建自己的完整投资体系。

证券市场，波动和不确定是常态。面对市场的波动和不确定，思想、理念和方法准备不足的投资者常常陷入大喜大悲、命运漂浮起落无法控制的局面。如果投资者拥有一个比较系统化的完整投资体系，就有机会从容应对波动，保持理性。拥有完善投资体系的投资者，当剧烈波动来临、重大风险来临之时，投资组合信心充足、应对预案准备充分，具备理性思考条件，市场的短期波动危机反而可能转化为重大投资机会。

投资毕竟不是生活的全部，投资本身也是为了更好地生活。如果提前搭建好比较完整的投资体系、提前做好风险管理，投资者完全可以该生活时生活，该度假时度假，休闲度假也会变得更加有利于投资，这岂不是两全其美的好事！

谨以此书，献给我逝去的父亲杨甲弟、白发苍苍的母亲王玉林、相濡以沫的爱人孙艳和我可爱的棒棒的乖儿子杨莨！